Para

com votos de paz.

/ /

Divaldo Franco

Pelo Espírito Amélia Rodrigues

QUANDO VOLTAR A PRIMAVERA

Salvador
8. ed. – 2023

Rua Jayme Vieira Lima, 104
Pau da Lima, Salvador, BA.
CEP 412350-000
SITE: https://mansaodocaminho.com.br
EDIÇÃO: 8. ed. (4ª reimpressão)– 2023
TIRAGEM: 1.000 exemplares (milheiro 47.500)
COORDENAÇÃO EDITORIAL
Lívia Maria C. Sousa
REVISÃO
Manoelita Rocha · Maíra Loiola
CAPA
Cláudio Urpia
MONTAGEM DE CAPA
Eduardo Lopez
EDITORAÇÃO ELETRÔNICA
Eduardo Lopez
COEDIÇÃO E PUBLICAÇÃO
Instituto Beneficente Boa Nova

PRODUÇÃO GRÁFICA
LIVRARIA ESPÍRITA ALVORADA EDITORA – LEAL
E-mail: editora.leal@cecr.com.br

DISTRIBUIÇÃO
INSTITUTO BENEFICENTE BOA NOVA
Av. Porto Ferreira, 1031, Parque Iracema. CEP 15809-020
Catanduva-SP.
Contatos: (17) 3531-4444 | (17) 99777-7413 (WhatsApp)
E-mail: boanova@boanova.net
Vendas on-line: https://www.livrarialeal.com.br

Dados Internacionais de Catalogação na Publicação (CIP)
(Catalogação na fonte)
BIBLIOTECA JOANNA DE ÂNGELIS

F825 FRANCO, Divaldo Pereira. (1927)

Quando voltar a primavera. 8. ed. / Pelo Espírito Amélia Rodrigues [psicografado por] Divaldo Pereira Franco, Salvador: LEAL, 2023.
160 p.
ISBN: 978-85-8266-114-7

1. Espiritismo 2. Psicografia 3. Jesus 4. Evangelho
I. Divaldo Franco II. Título

CDD: 133.93

Bibliotecária responsável: Maria Suely de Castro Martins – CRB-5/509

Impresso no Brasil | Presita en Brazilo

SUMÁRIO

QUANDO VOLTAR A PRIMAVERA

Historiadores dedicados em estatística provável, por falta de dados exatos, numa retrospectiva dos sucessos humanos, chegaram à lamentável conclusão de que pouquíssimas vezes a Terra esteve sem a presença da infame e famigerada hidra guerreira... Os generais governaram mais do que os filósofos; os aventureiros belicosos dominaram quase sempre e dirigiram mais as nações do que os sábios.

Povos sempre têm estado lutando contra povos, e nações a cada dia se hão levantado contra nações, pouco importando o número de vidas ceifadas nas paixões militares.

A imensa caravana de conquistadores arbitrários, embora siga em marcha contínua para o túmulo, com o esboroar das suas aquisições e pilhagens resultantes do fragor de batalhas cruéis, nada ensinou à posteridade.

Homens que tiveram o poder e a governança transitória nas mãos, déspotas, bajulados nos seus carros e tronos de ouro, seguiram invejados e odiados à sepultura fria para os inconcebíveis despertamentos nas regiões de dores inomináveis e sombras, onde pululavam suas vítimas sedentas de desforços, ali se comburindo em expectativas de ódio, após cons-

tatarem a sobrevivência do corpo, que aqueles espezinharam e consumiram...

As lições do passado torpe, de lutas fratricidas nada ensinaram historicamente às gerações futuras, senão a melhoria da estratégia de combate e as artimanhas de destruições mais violentas quanto calamitosas.

A História tem-se repetido, demonstrado que a "luta pela vida" se tornou mais feroz, desde que açulada pela cobiça desmedida.

O conhecimento arquitetado para a aquisição da felicidade, não raro, tem engendrado o despotismo, a ditadura do poder, a criminalidade desordenada...

Uma tão grande sementeira de arte, cultura, ciência e ética, em milhares de anos de civilização, parece hoje resultar numa colheita de amarguras em que o homem penetra estiolado, aturdido, sem rumo.

Em 3,5 mil anos aproximados de História, apenas por menos de três séculos se viveu sem guerras!...

Há, no momento, grandeza e miséria que se misturam como nos dias da barbárie, em trajos novos e convivência velha...

Luzes da inteligência e trevas da razão em negociatas da insensatez e do despautério.

As páginas eloquentes de Homero, Hesíodo, Sólon e Píndaro; de Plauto, Terêncio e Catão, o Antigo; de Virgílio, Horácio e Ovídio, do passado, são amarfanhadas e jogadas fora ante a onda de demência que surge em nome da permissividade, da valorização do sexo, da propaganda do escândalo, da publicidade das pústulas morais dos fracos que passam como fortes, sem sugestão sequer de terapêutica ou outra finalidade, senão vender misérias morais e fruir gozos...

As figuras venerandas de ontem, que deram valiosos contributos, tombam feridas pelo escalpelo da frivolidade, cujo gume de bisturi rebusca suas fragilidades humanas, a fim de destruir o mito, dizem os apologistas da violência, e apresentar somente suas quedas, suas desordenadas e abissais fraquezas, em irremediáveis mutilações de resultados sempre danosos...

Arquitetam-se programas de paz, celebram-se acordos de justiça e solidariedade para serem quebrados, violados um momento depois.

Os veículos poderosos de comunicação, podendo apresentar as claridades do futuro, na "aldeia global" dos homens, quase somente divulgam as sombras que dominam a atualidade.

Um longo inverno se abate sobre a Terra, e o homem tomba em triste noite moral!

A Ilíada *e a* Odisseia *são uma síntese da civilização grega, suas lutas, narrações, batalhas, poemas, discursos, epopeias cantando na boca de Homero...*

Os Lusíadas *narra a grandeza de um povo que ama, que se lança ao mar para* crescer *e conquistar terras longínquas...*

Dom Quixote de la Mancha *retrata as loucas ambições de um fidalgote exaltado pela leitura dos livros de cavalaria, em personagem comovedora, assistido pela sensatez, finura de trato do seu escudeiro Sancho Pança, ardente de fé que reflete em sua alma a grandeza dos sentimentos nobres de justiça e poesia para os quais sempre se dirigem...*

Shakespeare celebra a tragédia de Hamlet entre as nobres buscas da estesia do príncipe e os tormentos íntimos num meio insano e cruel que o torna louco, *não obstante a ternura de Ofélia, de encantadora poesia.*

O Romantismo *embeleza a Terra por um dia, libertando o escritor das regras de composição e estilo clássico, e logo depois vem o* Realismo, *candidatando-se a reformular o romance, repetindo a vida, e em seguida a nau da literatura, que deslizava em águas tranquilas, subitamente encalha nos escolhos sociais, morais, políticos, no que há de mais enfermo na Humanidade...*

É certo que antes, também, Boccaccio, Barbosa du Bocage e seus êmulos cuidaram de assuntos fortes, da fornicação, arrancando os lados escabrosos da sexualidade, de que se aproveitou Donaciano Sade, para a revivescência das enxovias morais e deletérias da comunidade parisiense representativa da colmeia humana...

A magna Grécia, que oferecera os mais altos espécimes da Tragédia, pareceu subitamente ressuscitar na atualidade, em feições deformadas, para atender à sanha dos desregramentos que dominam todas as latitudes do planeta...

Uma vaga de aflições em pélagos vorazes supera a imaginação prestes a afogar os ideais de beleza do pensamento!...

Acima, todavia, de todos os livros e mais debatido do que todas as obras da Humanidade, o Evangelho de Jesus retorna às criaturas destes dias.

Nenhum outro que o supere em poesia e em realismo, em romance e em tragédia simultaneamente...

Um pequeno livro, todavia mais expressivo do que todos os que foram escritos antes ou depois dele.

Como uma fagulha ateia um incêndio; qual um grão de mostarda ou uma semente de trigo se multiplica numa seara inteira, rica e abençoada.

Nenhuma síntese de moral pôde ultrapassá-lo.

Os combates acirrados ao seu conteúdo, por mais intensos, jamais conseguiram destruí-lo.

Os homens que lhe receberam a claridade tornaram-se luzeiros na noite humana, e mesmo quando foram perseguidos e consumidos não se deixaram vencer...

Desse livro ímpar nos utilizamos para os escritos que se lerão.

Não constituem um livro histórico sobre Jesus e Sua época. São respigares de fatos e acontecimentos que ora obedecem à cronologia da Sua vida, ora se subordinam à nossa concepção, apesar de perfeitamente localizados nos textos e nas ocorrências evangélicas.

Algumas páginas apareceram oportunamente na imprensa leiga e na espírita, aqui ressurgindo coordenadas para o singelo trabalho que ora trazemos a lume.

Modesta contribuição evangélica para estes dias, são pinceladas de ternura, cromos evocativos, doações da alma para a reflexão dos que confiam no amanhã ditoso. Oxalá que estes estudos consigam luarizar alguns Espíritos em rudes batalhas ou despertar alguns outros que dormem...

Nenhuma presunção literária ou unção exegética, ou desejo vão.

Após meditar longamente no sempre jovem poema da Boa-nova, reunimos estas narrações com que desejamos homenagear os que esperam passar este inverno *e esta* noite *na certeza de que tudo mudará* quando voltar a Primavera...

Jesus prossegue sendo a eterna Primavera por que todos anelamos.

Esperar a Sua volta é a ambição que devemos, no momento, acalentar, preparando a Terra desde então para esse momento de vida, beleza e abundância...

Salvador, 14 de junho de 1976.
Amélia Rodrigues

Proginasma histórico

Descendendo de tribos hebraicas anteriores ao século XII a.C., que teriam sido formadas pelos filhos de Jacó, as terras de Canaã seriam reunidas em um reino a partir de 1025 a.C., aproximadamente, sob a tutela de Saul...

A história de Israel, porém, perde-se na História da própria Antiguidade Oriental, porquanto ditas tribos que habitavam aquelas terras eram os descendentes do povo que Moisés libertara do Egito, da escravidão do passado...

Seria Davi, porém, o grande estruturador que consolidaria mais tarde o reino, tornando Jerusalém sua capital.

Os seus limites se ampliaram, então, com as terras da Galileia e a parte leste do Rio Jordão.

Com Salomão, a nação se transformou em um povo próspero, em cujo reinado ergueu, entre obras notáveis, o Templo que lhe perpetuaria o nome e de que se orgulharia toda a raça israelita através dos tempos.

Posteriormente à morte do grande e sábio rei, foi dividida, separando-se as dez tribos que formaram o Reino de Israel, sob Jeroboão, e as duas últimas constituindo o

Reino de Judá, sob a inspiração e governo de Roboão, por volta de 933 a.C.

As rivalidades e disputas existentes entre o Reino Setentrional (Israel) e os povos circunvizinhos, especialmente os de Damasco, enfraqueceram-no, quase o dizimaram; desse modo, seria esmagado pelos assírios sob Sargão II, que lhe destruiu Samaria, sua bela capital, aproximadamente em 722 a.C.[1]

Inicialmente, antes de serem conquistadas pelos hebreus, as terras que formariam a cidade de Jerusalém eram denominadas *Jebus* (cidade dos jebuseus).

Quase 20 séculos antes de Cristo apareceram as primeiras referências ao nome Jerusalém em textos egípcios mui antigos, que era tida como pertencente aos cananeus. Foi Davi quem a conquistou para o seu povo...

Após Salomão que a embelezou, reforçando sua defesa e tornando-a grande centro comercial, foi vencida e pilhada por Shoshenk, faraó do Egito, por volta do século X a.C.

Roubada, sucessivamente, por filisteus, árabes e povos errantes do deserto, sofreu um terremoto sob o reinado de Oseias.

Nabucodonosor II, da Babilônia, destruiu-a em sanha de ódio por volta do VI século a.C., sendo por Ciro, rei dos persas, devolvida aos judeus, pouco menos de cinquenta anos depois.

Nos séculos seguintes, voltou a sofrer o peso e o jugo de Alexandre Magno, dos Ptolomeus, dos Selêucidas, dos romanos...

Nesse período nasceu Jesus.

1. Sugerimos ao leitor interessado em outros pormenores consultar o livro *Primícias do Reino*, de nossa autoria, na parte dos *Respingos históricos*, editado pela Livraria Espírita Alvorada Editora – LEAL (nota da autora espiritual).

As tradições sofriam, então, a influência helenizante e a interferência romana que lhe modificaram singularmente os hábitos, os costumes, a política...

Os ódios respingavam os ácidos da intriga, do divisionismo, das ambições desmedidas, esfacelando, inclusive, a família ancestral.

Jesus, que viveu nessa época, passou por ela e previu-lhe a destruição...

Tito, em 70, derrubou-a.

Em 132, sofreu a injunção da diáspora...

Constantino, em 325, homenageando Jesus e os Seus dias, fê-la cidade cristã.

...Persas, árabes e seljúcidas maltrataram-na, e estes últimos, ao perseguirem os cristãos, foram motivos indiretos das *Cruzadas*...

Cristãos, muçulmanos que tinham à frente Saladino, novamente cristãos e muçulmanos, turcos e ingleses tentaram dominá-la, entre os rios de sangue e o fumo que ascendia dos incêndios contínuos que a enfraqueceram e devoraram através dos séculos, e ainda hoje!...

O Reino de Israel, ao tempo de Jesus, distendia-se entre montanhas, planícies, desertos áridos, campos e terras férteis, litorais e lagos que o refrescavam.

A ardência, no verão, fazia-se amenizar durante a quadra hibernal, num cromo deslumbrante.

Das planuras do Hermom às terras quentes do Jordão há toda uma variação de climas e cores.

Na parte sul, o Deserto de Neguev, abrasador no verão, torna-se frio no inverno, enquanto na Galileia o calor dos meses quentes cede lugar às chuvas abundantes e ao frio na quadra oposta...

País de contrastes, Israel!

A Natureza, suas paisagens bucólicas e tristes onde Jesus viveu e pregou podem ser denominadas como um *Quinto Evangelho*, tal a autenticidade das narrações dos quatro outros que colocam beleza e vida nos rebordos e fossos imundos, nas praias e montes, nas aldeias e campos férteis dos quais Ele retirou a musicalidade para o eterno poema da Boa-nova.

O país era de pequena dimensão geográfica, a fim de facilitar a locomoção do Rei Excelso, a vencer-lhe as distâncias, a esparzir o pólen da esperança e colocar o bálsamo da paz em todos, por toda parte.

O Lago de Genesaré, tranquilo, subitamente vencido por tormentas, é um díptico que recorda a natureza humana susceptível às paixões e terna ao convite da harmonia; o Jordão coleante entre loendros em perene eflorescência, transbordando sob as neves derretidas que caem do alto Hermom; Cafarnaum, verde e suave, com suas gentes simples, analfabetas e afáveis, e a Judeia árida, rude e violenta, como os seus filhos – eis os locais onde Ele viveu.

Na Galileia, entre outros momentos épicos e apoteóticos, estão as Bodas de Caná, o Sermão da Montanha, o convite ameno aos apóstolos no meio das ramarias verdes, aos céus azuis-violeta, junto às águas piscosas...

Na Judeia se viveram os momentos graves: o Sermão Profético, as perseguições, o beijo de Judas, a negação de Pedro, a prisão infame, a crucificação odienta, a morte...

A ressurreição, porém, está além de qualquer lugar – é o acume de todos os altiplanos, a glória estelar, a ponte de eterna luz para a ascensão de todos.

Milhares de manuscritos, de cópias relataram Sua vida e Seus feitos.

Os quatro narradores – Mateus, Marcos, Lucas e João –, no entanto, são de uma veracidade tal que os seus escritos são a mesma mensagem e vida retratadas por escribas diferentes na cultura, na emotividade e nos interesses distintos, convergindo e centralizando a incomum personagem que é Jesus!

Lê-los é provar as angústias do mundo e o néctar dos Céus, a fim de saber dos paladares, qual se deve escolher.

A História diz ser autêntica a Sua vida, embora alguns historiadores tentem negá-la.

As informações seguras e corretas situam-na no tempo e nos fastos da época. Os evangelistas não foram romancistas, historiadores, antes narradores de uma vida que foi maior do que todas as vidas.

Nem ficção nem comentários extravagantes nas suas palavras.

Testemunhas uns, outros ouviram os fatos da boca de testemunhas que com Ele viveram; todos, porém, inspirados e conduzidos nas informações por Ele e Seus embaixadores invisíveis – embaixadores que também eram do Reino Indestrutível.

Lucas situa os fatos em detalhes históricos comoventes e fidedignos:

"Nos dias de Herodes, houve um sacerdote chamado Zacarias..." (1-5) e mais adiante: *"No décimo quinto ano do reinado de Tibério César, sendo Pôncio Pilatos governador da Judeia, Herodes, tetrarca da Galileia, e seu irmão Filipe, de Abilene (Ktúria e Traconítida), sendo sumos sacerdotes Anás e Caifás..."*

Mateus escreveu os "ditos do Senhor" entre 50 a 55; Marcos narrou os fatos num período que vai de 55 a 62, em Roma, ao lado de Pedro; Lucas fez o mesmo logo depois, por volta de 63... João escreveu o evento místico entre 96 e 104, ainda em Éfeso, para onde fora desde Domiciano, quando partiria da Terra, no reinado de Trajano, naquele mesmo ano, 104, em idade muito avançada, não obstante lúcido.

Por volta de 63, aproximadamente, Lucas narrou os Atos dos Apóstolos, utilizando-se das informações que lhe chegaram por personagens que participaram daqueles acontecimentos inesquecíveis.[2]

Águas abençoadas de córregos – os textos evangélicos – que fluem na direção do mesmo rio: a verdade.[3]

Passaram fastos históricos, sucederam-se civilizações e culturas, povos substituíram povos, homens se foram e renasceram noutras épocas enquanto Jesus continua o mesmo.

O homem de hoje que O busca, encontra-O compassivo e gentil a aguardá-lo, como ao jovem rico disse no passado, ao entardecer, à entrada da cidade: *"Vende tudo o que tens, dá-o aos pobres, vem e segue-me. Estou esperando por ti"*.

Sim, Jesus espera...

2. Há divergências entre os estudiosos e historiadores. Preferimos esse período.
3. Vide o Posfácio do livro *Primícias do Reino* (notas da autora espiritual).

1
Ante Jesus

Nenhum outro rei que se Lhe semelhasse.

Os transitórios mandatários do mundo envergavam as roupagens da nobreza, não poucas vezes, mediante as arbitrárias mãos da guerra que lhes confeccionavam os mantos. Estabeleciam as bases dos seus impérios sobre cadáveres insepultos e proclamavam suas primeiras leis assinaladas pela ordem da matança tornada legal, ao som ultrajante dos suplícios inenarráveis que impunham aos vencidos e aos fracos.

Enquanto seguravam o cetro e sustentavam a coroa, crianças e velhos indefesos padeciam cativeiro cruel, em que consumiam as forças e desgastavam a vida.

Cercados pela bajulação, deslizavam sobre ódios recalcados, respirando as maldições que inspiravam, soberbos, impiedosos.

Fomentando a prepotência, não raro se tornavam vítimas inermes da própria sandice em que sucumbiam, vencidos pela fraqueza de que se constituíam, disfarçados na força esmagadora da insensibilidade que impunham às suas vítimas.

Muitos deles alçados à glória como heróis e vencedores, não se liberaram, após o túmulo, dos episódios da loucura demorada em cuja trilha passaram ignóbeis, e renasceram assinalados, repetidas vezes, pelas ulcerações que produziram nos tecidos sutis do Espírito rebelde e insensível.

Um sem-número de príncipes, em todos os quadrantes da Terra, encetaram a vida física, embalados pelas expectativas emocionadas das cortes e pelas esperanças que se desvaneciam, logo após, na aturdida plebe e nos camponeses que se lhes submetiam infelizes.

Festas intermináveis anunciavam-lhes a chegada e, todavia, os sons da alacridade quase sempre eram substituídos pelos gemidos dos súditos esmagados por impostos absurdos e regulamentos desumanos.

Todos eles, porém, fruindo as grandezas e os tesouros da Terra, entregaram o corpo ao túmulo, e não fugiram à abjeção dos tecidos em decomposição, muitas vezes sepultos apressadamente, a fim de não espalharem o horror consequente à degenerescência das células em putrefação.

Dario, que levantou o mais grandioso império da Antiguidade, não se eximiu à derrota e à morte, com ele sucumbindo a grandeza pérsica.

Marco Antônio suicidou-se para evitar a humilhação no Fórum de Roma, sob a grilheta de Otávio...

Os asseclas de Alarico, o Visigodo, desviaram o curso do Rio Busanto a fim de guardar os despojos do vândalo, que falecera em Cosenza, e impedir que os inimigos lhe profanassem mais tarde as vestes destruídas...

Filipe I, de Espanha, o Formoso, exalava insuportável cheiro fétido antes que a *morte* o conduzisse à realidade da vida...

Isabel I, da Inglaterra, que a engrandeceu e a governou com mão de ferro, inutilmente suplicou mais alguns minutos antes de atravessar o pórtico do túmulo, como qualquer criatura vencida.

Catarina de Médici, que desencadeou a terrível matança religiosa, não se furtou ao mesmo destino das suas vítimas.

Luís XIV, que governou por mais de 70 anos a França e foi o último exemplo do absolutismo monárquico, elaborador do "direito divino dos reis", sucumbiu envelhecido, deixando a França esgotada...

Monarcas e reis provaram a grandeza do mando, todavia, acompanharam, exauridos, a inevitável marcha pelas hórridas trilhas da pusilanimidade e da morte.

Com Jesus, no entanto, uma singela estrebaria foi elevada a berço de luz para o seu primeiro contato com os homens.

Aguardado carinhosamente para a salvação de todos, deu a vida sem a tirar de qualquer daqueles que O esperavam.

Utilizando-se do incomparável espetáculo da Natureza em festa, iniciou o ministério acolitado por anjos, cercado por animais e pastores.

Voz alguma que à Sua jamais se equiparasse.

Amor nenhum igual ao Seu amor.

Rei da Terra, cujas fronteiras se perdem no sistema que a sustenta, foi o servo dos mais infelizes.

Em ocasião nenhuma acusou, perseguiu, gerou vítima...

Sem qualquer título de ostentação, somente aceitou o de Mestre por ser, em verdade, Aquele que ultrapassou as dimensões do pensamento humano.

O único a saber, sem recear, a destinação que Lhe estava reservada em duas traves de madeira, até então símbolos da suprema humilhação, em forma de hediondo suplício.

Filho do Homem, alçou todos os homens a Deus.

Transformou os abjetos madeiros da cruz na horizontalidade que recebe e afaga a Humanidade toda e na verticalidade com que a levanta na direção de Deus.

Nunca, porém, receou, justificou-se ou se evadiu à imposição relevante.

E colocado numa cova recém-aberta, sem detritos nem cadáveres que a inaugurassem, deixou-a vazia, em desafio, por ser a Ressurreição e a Vida.

Testemunhas insuspeitas reencontraram-nO: amigos, desconhecidos e duvidosos...

Duas portas de acesso que Ele dignificou: berço e túmulo.

Dois símbolos de libertação: entrada e saída da vida, na direção da Vida.

2
As núpcias em Caná

Os arqueólogos divergem quanto ao local em que teria ocorrido o sucesso. Aliás, isto não é importante. O incontestável é o fato em si mesmo, que passou à história do Evangelho, demorando-se como marco inconfundível dos novos tempos.

Narra-o João,[4] em linguagem clara e precisa, sem retoques nem confusas imagens de retórica.

A ocorrência é comovedora, das mais belas.

A única em toda a Boa-nova que se dá em clima de alegria, na qual Jesus participa dos júbilos gerais, permite-se viver as alegrias transitórias do mundo... Possui um sentido profundo, guarda uma mensagem oculta, delicada, transcendente...

Era *adar*.[5] As chuvas do inverno haviam cessado. A terra estuante arrebentava-se em flores, enquanto os verdes cambiantes contrastavam com as pedras negras e o céu azul-ferrete.

...Fazia frio pela manhã, o Sol abrasava ao meio-dia e a temperatura caía ao entardecer.

---

4. João, 2:1 a 11.

5. Fevereiro-março (notas da autora espiritual).

Ao longe a moldura líquida do lago transparente destacava-se, por seu turno, com a visão do Monte Hermom coroado de neve alvinitente.

Vez que outra se escutavam as vozes da Natureza em orquestração poderosa, enquanto os cantos das rolas faziam duetos com o vento primaveril...

Betsaida situa-se a 208 metros abaixo do nível do mar, e Nazaré, a quase 500 metros acima.

A aldeia poderia ter sido a taful Kef Kenna, entre bosques floridos e águas cantantes, próspera, encantadora. A subida lenta da montanha desde Betsaida era de 28 quilômetros aproximadamente, vencendo as escarpas pelos atalhos entre o Tabor e Djernaq, a 10 quilômetros de Nazaré. A paisagem, todavia, fresca e agradável, diminuía a aspereza do caminho.[6]

Há dois meses que Ele saíra de Nazaré, deixando a carpintaria com as ferramentas em silêncio.

Há pouco Ele estivera em Betabara, no Jordão, e deixara-se batizar... Seguira logo depois ao grande testemunho das tentações. Já havia convocado os primeiros companheiros, e os fatores propiciatórios do ministério se reuniam.

Maria se encontrava em Caná. Convidada, como foram Jesus e os discípulos, antecedera-O. Ele abraçou-a, ao chegar, com inaudita ternura. Ela O aguardava com ansiedade crescente e afeto desmedido.

A cena comovente estava assinalada pelas expectativas de felicidade da mãe saudosa que se renovava no carinho do filho terno que a afagaria.

Os abismos das distâncias fecham-se; entre eles, a comunhão profunda com Deus se faz espontânea. Aque-

6. Há autores e estudiosos do Evangelho que asseveram ter o evento acontecido em Kirbet Qana, onde hoje se encontram alguns escombros, situada a 14 quilômetros de Nazaré. Preferimos a primeira hipótese (nota da autora espiritual).

les dois primeiros meses de separação eram o prenúncio da temporária e dorida distância terrena que se interporia depois entre os dois.

Ele deveria percorrer os caminhos ásperos dos homens, amando, não amado, enquanto ela O seguiria depois com a alma dilacerada por invisíveis e afiados punhais...

De certo modo seriam assim as vidas de todas as mães, em particular daquelas que doariam ao mundo os mártires, os heróis, os santos...

Estavam ao lado d'Ele, na ocasião, Filipe e Natanael, que era de Caná, e O seguiram. Eram jovens e necessitavam de algo que os embriagasse de fé, a ponto de mais tarde poderem doar a vida, conforme o fizeram...

A festa nupcial convidativa iniciava-se em clima de expectativas, em circunstâncias felizes. Todas elas em Israel eram significativas. Consoante os recursos financeiros e a posição social dos nubentes, demoravam de três a oito dias...

A cerimônia era grave, o compromisso responsável, de realce.

A noiva se fazia conduzida numa cadeira especial, obedecendo a velhos rituais, e as alegrias estrugiam em todos os participantes do cerimonial.

Os convidados, normalmente austeros, abstêmios e comedidos noutras ocasiões, em tais oportunidades tornavam-se bulhentos, pródigos em excesso...

~

Ao cair da tarde – quando as fímbrias de luz douravam o cabeço dos montes mais altos e o lusco-fusco da tarde-noite permitia a visão do lucilar das estrelas no alto –, as festas se iniciaram.

Os atos nupciais foram realizados já, e todos exultavam em efusivas saudações e brindes aos consortes.

Músicos e bailarinos convidados enchiam de melodias e movimento as pérgulas e alpendres, as salas amplas da casa onde todos se comprimiam.

As abluções se fizeram fartas conforme as severas recomendações da lei. Seis vasos de pedra com capacidade cada um para 2 ou 3 *métrêtes*[7] estiveram refertos.

Os convidados se banqueteavam com acepipes e guloseimas, frutos secos e peixes defumados, fritos, gordurosos, acebolados... As alegrias da mesa farta se misturavam às canções e ao vinho embriagante. Eram famosos os vinhedos da região, capitosos e diferentes.

Maria, diligente amiga da família, acompanhava as cenas e rejubilava-se com todos. A presença do filho era-lhe felicidade para o coração.

Sucedeu ao dia a noite serena, e as festividades prosseguiram.

O vinho corre abundante.

Convidados retardatários chegavam, e as paisagens da emoção se faziam renovadas.

No transcorrer das festas, Maria percebeu que o vinho não poderia atender à insaciedade de todos e recorreu, aflita, ao filho.

Ela sabia da Sua procedência, do Seu poder, e resolveu interceder junto a Ele pela família.

De certa forma será ela desde ali a perene intercessora perante o filho em favor das criaturas humanas de todos os tempos. Far-se-á a sublime mediadora a partir de então entre Jesus e os homens...

Acercou-se, discreta, e apresentou-lhe os receios do coração a meia-voz.

---

7. Métrête: medida grega que corresponde a 40 litros, aproximadamente (nota da autora espiritual).

– *Faltará o vinho* – assevera-Lhe com preocupação – *e isso é sinal de mau agouro para os nubentes que começam a edificação do lar.*

Jesus estava acima de tais conjunturas mesquinhas, não se preocupando com as questões de pequena monta, as insignificâncias das crendices. E Israel as possuía muitas...

Fitou-a, amoroso, e redarguiu-lhe com a ternura habitual de filho devotado.

– *Mulher, que tenho eu com isto?! Minha hora ainda não é chegada.*

A expressão *mulher*, não obstante soe aos ouvidos modernos como rude, em Israel era verbete de carinho e respeito na intimidade familial, desde os antigos. Da Cruz, novamente Ele repetirá a palavra num tom de inesquecível angústia, mas também de devoção.

Maria, que Lhe conhecia a disposição de servir, asseverou aos servos, tranquila:

– *Fazei tudo quanto Ele vos disser.*

Há um momento breve de *longa* espera.

Os dois amores se penetram de ternura. Ela sorri, Ele medita.

Ato contínuo, tocado pela significação do momento, Ele se aproximou dos servidores e propôs:

– *Trazei as talhas e enchei-as.*

A água flui e referta transparente, clara, os depósitos arrumados à Sua frente.

Ele distende as mãos em silêncio sobre a água.

A cena é rápida, simples, sem balbúrdia. Poucos a percebem, somente os que estão próximos.

Utilizando-se de pequeno vaso, recolhe um pouco e sorve-a...

– *Levai os vasilhames ao mordomo e distribuí.*

A voz dulçorosa apresenta-se com indefinível modulação. Aquele é o primeiro momento que produzirá deslumbramentos, não o último...

Ele conhece os homens, sua infância espiritual, seus ardis. Nas alegrias se iniciarão Suas dores...

O Mestre de cerimônias, tomando de um cíato dourado, recolhe o líquido que sorve com espanto e exclama:

– *Este vinho deveria ter sido servido antes que os convidados estivessem tontos, a fim de lhe valorizarem o sabor, como se usa fazer, primeiro se apresentando o bom, para depois o de qualidade inferior...*

Os comentários apontam-nO responsável pelo ocorrido. Admiração e surpresa confraternizam. Ele silencia.

Os sons das flautas, dos alaúdes, dos pífaros são o contracanto à melodia de entusiasmo na garganta de todos.

Caná será o marco inicial do Seu ministério público, numa boda, num momento festivo.

A Sua prisão se dará em outra festa, na da Páscoa, enquanto Israel está em júbilos...

Na primeira, Ele participa das bodas e as abençoa. Empresta significação e responsabilidade ao matrimônio. Ali, confere apoio, distende compreensão, começa a doar, adoçando a esperança de todos.

Aqui, o dever é cruz de devoção.

Na outra, Ele dá-se à Humanidade em sacrifício da própria vida, sorvendo vinagre e fel no madeiro da agonia.

Essa é a cruz da renúncia, da abnegação.

Seus feitos são lições de inconfundível beleza e sabedoria.

Entre as duas festas transcorrem menos de três anos. Os velhos alicerces do mundo tremem nesse ínterim.

Sua voz reformula os códigos dos direitos humanos e as Suas ações darão início à Era Nova do amor, dantes jamais sonhada.

Ele é o meio-dia das criaturas de todos os tempos, o divisor da História.

~

Natanael e Filipe se deslumbram com o fenômeno da transformação da água em vinho, participam dos comentários que todos entretecem sobre Ele e não cabem em si de entusiasmo.

Desde ali, Seu nome se fez conhecido, facilmente identificado.

A voz do povo propaga-O aos quatro ventos.

Quando soarem as suas horas nas praias e nas praças, nas sinagogas e nas ruas, Ele abrirá os braços e afagará as multidões, conduzindo-as ao rumo da luz inapagável e da felicidade que não se acabará.

Caná é a marca inicial do Evangelho dos feitos. O Gólgota, porém, não se tornará o término da Sua mensagem, como se poderia supor.

Até hoje, nas alegrias e nas tristezas, Jesus se apresenta para o homem de todos os tempos, conforme ocorreu nas bodas inesquecíveis, produzindo um sublime noivado com a criatura humana, ao mesmo tempo convidando-a para as excelsas núpcias que se realizarão no Reino Espiritual, o Seu Reino além deste mundo.

3
Brandos e pacíficos

A azáfama do dia cedera lugar à terna e suave tranquilidade. As atividades fatigantes alongaram-se até as primeiras horas da noite, que se recamara de astros alvinitentes. Os últimos corações atendidos, à margem do lago, após a formosa pregação do entardecer, demandaram os seus sítios, facultando que eles, a seu turno, volvessem à casa de Simão.

Depois do repasto simples, o Mestre acercou-se da praia em companhia do apóstolo afeiçoado e, porque o percebesse tristonho, interrogou com amabilidade:

– *Que aflição tisna a serenidade da tua face, Simão, encobrindo-a com o véu de singular tristeza?*

Havia, na indagação, carinhoso interesse e bondade indisfarçável.

Convidado diretamente à conversação renovadora, o velho pescador contestou com expressiva entonação de voz, na qual se destacava a modulação da amargura:

– *Cansaço, Senhor. Sinto-me muitas vezes descoroçoado, no ministério abraçado... Não fosse por Ti...*

Não conseguiu concluir a frase. As lágrimas represadas irromperam, afogando o trabalhador devotado em penosa agonia.

E como o silêncio se fizesse espontâneo, ante o oscular da noite que os acalentava em festival de esperança, o companheiro, sentindo-se compreendido, e logo passado o volume inicial da emotividade descontrolada, prosseguiu:

– *Não ignoro a própria inferioridade e sei que o Teu amor me convocou à Boa-nova a fim de que me renovasse para a luz e pudesse crescer na direção do amor de Nosso Pai. Todavia, deparo-me a cada instante com dificuldades que me dilaceram os sentimentos, inquietando-me a alma.*

Ante o olhar dúlcido e interrogativo do Amigo discreto, adiu:

– *É verdade que devemos perdoar todas as ofensas, no entanto, como suportar a agressividade que nos fere, quando pretende admoestar e humilhar, quando se promete ajudar?*

– *Guardando a paz no coração* – redarguiu o Divino Benfeitor.

– *Todavia* – revidou o discípulo sensibilizado –, *como conservar a paz, estando sitiado pela hipocrisia de uns, pela suspeita pertinaz de outros, sob o olhar severo das pessoas que sabemos em pior situação do que a nossa?*

– *Mantendo a brandura no julgamento* – respondeu o Senhor.

– *Concordo que a mansuetude é medicamento eficaz* – retrucou Pedro –, *não obstante, não seria de esperarmos que os companheiros, afeiçoados à luz nova, também a exercitassem por sua vez? Quando a dúvida sobre nossas atitudes parte de estranhos, quando a suspeição vem de fora da grei, quando a agressividade nos chega dos inimigos da fé, podemos manter a brandura e a paz íntimas. Entretanto, sofrer as dificuldades apresentadas por aqueles que nos dizem amar, to-*

mando parte no banquete do Evangelho, convém considerarmos ser muito mais difícil e grave cometimento...

Percebendo a angústia que se apossara do servo querido, o Mestre, paciente e judicioso, explicou:

– *Antes de esperarmos atitudes salutares do próximo, cabe-nos o dever de oferecê-las. Porque alguém seja enfermo pertinaz e recalcitrante no erro, impedindo que a luz renovadora do bem o penetre e sare, não nos podemos permitir o seu contágio danoso, nem nos é lícito cercear-lhe a oportunidade de buscar a saúde. Certamente, dói-nos mais a impiedade de julgamento que parte do amigo e fere mais a descortesia de quem nos é conhecido. Ignoramos, porém, o seu grau de padecimento interior e a sua situação tormentosa. Nem todos os que nos abraçam fazem-no por amor, bem o sabemos... Há os que, incapazes de amar, duvidam do amor do próximo; os que, mantendo vida e atitudes dúbias, descreem da retidão alheia; os que, tropeçando e tombando, descuram de melhorar a estrada para os que vêm atrás... Necessário compreendê-los todos e amá-los, sem exigir que sejam melhores ou piores, convivendo sob o bombardeio do azedume deles sem nos tornarmos displicentes para com os nossos deveres ou amargos em relação aos outros...*

– *Ante a impossibilidade de suportá-los* – sindicou o pescador, com sinceridade –, *sem correr o perigo de os detestar, não seria melhor que os evitássemos, distanciando-nos deles?*

– *Não, Simão* – esclareceu Jesus. – *Deixar o enfermo entregue a si mesmo, será condená-lo à morte; abandonar o revel, significa torná-lo pior... Antes de outra atitude é necessário que nos pacifiquemos intimamente, a fim de que a brandura se exteriorize do nosso coração em forma de bênção.*

Na legislação da montanha foi estabelecido que são bem-aventurados os brandos e pacíficos... A bem-aventurança é o galardão maior. Para consegui-lo são indispensáveis o sa-

crifício, a renúncia, a vitória sobre o amor-próprio, o triunfo sobre as paixões.

Amar os bons é dever de retribuição, mas servir e amar os que nos menosprezam e de nós duvidam é caridade para eles e felicidade para nós próprios.

Como o céu continuasse em cintilações incomparáveis e o canto do mar embalasse a noite em triunfo, o Mestre silenciou como a aspirar as blandícias da Natureza.

O discípulo, desanuviado e confiante, com os olhos em fulgurações, pensando nos júbilos futuros do Evangelho, repetiu quase num monólogo, recordando o Sermão da Montanha:

Bem-aventurados os que são brandos, porque possuirão a Terra.

Bem-aventurados os pacíficos, porque serão chamados filhos de Deus.

E deixou-se penetrar pela tranquilidade, em clima de elevadas reflexões.

4
Aflitos e consolados

Mathias ben Mordeckai resmungava padecimentos malcontidos... A face crestada carregava as marcas iniludíveis da miséria moral, decorrência inevitável daquela outra miséria, a econômica.

Vira-se atirado ao desespero qual frágil pluma açoitada pelo vendaval. Nenhum amparo, nenhuma possibilidade de paz. O abismo da ruína era o dédalo em que rebolcava, como vítima de muitos que se lhe tornaram algozes, vítima de si mesmo, que se convertera em impiedoso sicário.

Lutara por sucumbir, no entanto, morto pela falta de júbilos, a vida negava-se abandonar-lhe o catre orgânico, desgastado e vencido, vegetando no chavascal entre os milhares de vagabundos, os *am ha'aretz* e a ralé odiada, fermentadora da massa das paixões...

Ruminava evocações.

Aquela tarde, porém, auspiciosa, fizera-o diferente.

Zéfiro levemente perfumado carregava afagos de ternura e poesia.

O Sol longínquo dourava o cabeço do Hermom, e algumas rosas-de-saron espocavam o vermelho nos fundos das grotas entre as pedras escuras, donde se esgueiravam vetustas árvores desgalhadas, acolhedoras...

Parecia-lhe escutar ignota melodia no ar. Não saberia distinguir se um som onomatopaico, se um gorjeio de anjo, se uma balada de flauta ou se a canção de uma cítara tangida pelos dedos veludosos do amor.

O túmido peito pela emotividade despedaçou os cristais retentores das lágrimas represadas e descobriu-se vertendo copioso pranto. Tremiam-lhe as mãos geladas e todo o corpo frágil, como a cana de um bambu que, carcomido pela idade, se fazia um arco de sofrimento.

Ergueu a cabeça a fim de quebrar a magia do instante e cravou os olhos nublados na figura diáfana e majestosa do Rabi...

Ei-lO mui próximo, todavia, tão longe! Desejou gritar a felicidade da angústia ou a angústia da felicidade inesperada, porém a voz estava estrangulada na garganta hirta.

Buscou reflexionar. Não pôde fazê-lo.

Foram as evocações que retornaram insistentes; os dias felizes em Acra, na herdade dos ascendentes; a família enriquecida pelos bens aquinhoados; a bajulação e o destaque fruídos...

Depois, afluíram-lhe à mente as surpresas: intrigas e dificuldades, a expropriação hedionda e a ruína. O Sinédrio foi erguido contra ele, em simulacro de justiça, e, através de móveis e leis deploráveis, viu-se arrastado com a família à necessidade...

Amigos e parentes cerraram-lhe as portas.

As conjunturas políticas amargas conduziram-no ao caos.

A esposa, de vergonha e dor, sucumbiu à morte; os filhos, crescidos e educados, abandonaram-no sem qualquer explicação.

Ficaram com ele a dor, a ofensa, o descrédito e a mágoa – a aflição!

Tudo repentinamente.

Os poderosos desfrutavam o gáudio – ele também provara a taça embriagadora do sucesso e agora sorvia o ácido e o fel da crua aflição, igual, pior do que os infelizes, porquanto não estava acostumado à presença do desconforto.

Reunira-se aos magotes dos párias. Aqueles eram os dias dos párias que abundavam – homens probos que foram reduzidos à desdita, vitimados pelas ambições alheias –, ralé adensada por outra escória moral: os revoltados!...

Viera àquela região porque amava o campo, a terra virgem, o grão promissor, a seara referta...

Agora, a música no ar transformou-se em sinfonia e as palavras que lhe chegavam já não constituíam uma cantilena comum.

Cintilam os primeiros astros ao longe – lanternas estelares que espiam a Terra antes que a noite tudo envolva e, quando esta triunfe, estarão apontando rumos e rotas...

Em todo aquele período não encontrara a pérola de uma palavra nem uma réstia de luz por compaixão.

A morfeia isola e desgraça, mas a fraternidade no vale dos imundos ajuda uns aos outros – refletiu. No entanto, no vale dos homens aflitos – os padecentes da lepra econômica, social e moral –, a rapina devora esperanças, e o despeito mina possibilidades, arrasando quaisquer ilusões...

Estava cansado de viver.

Seguira os grupos e alcançara a montanha, impulsionado pela ansiedade, empurrado por intangíveis mãos e se acomodara.

Com a mente perturbada, fez-se esquivo. Selara os lábios desde os dias da hediondez, temendo, odiando os seres iguais, todos os homens... E sofria as aflições disso tudo decorrentes.

Aquele homem, sofrido Rabi, fascinava-o. Nele havia inconfundível grandeza e parecia comum, entranhada força e ressumava fragilidade, desconhecido poder, e Sua voz era um canto.

Penetrava-lhe o corpo, balsamizava-lhe a alma. Supunha tê-lo dentro e fora; não saberia explicar.

Por que não O conhecera antes, nos dias venturosos? – interrogou-se. – *Tê-lO-ia amado...*

Não distinguia todas as Suas palavras que a brisa dispersava.

Aguçou, porém, as ouças e escutou, deslumbrado:

– *Bem-aventurados os aflitos, pois que serão consolados...*

Os dois olhares se encontraram: a fagulha dos seus olhos e o Sol dos olhos d'Ele, e incendiou-se o coração...

Tudo em volta desapareceu numa visão de luz, de beleza, de aspirações que se renovavam, e Mathias ben Mordeckai se resolveu avançar, crescer, qual se fora um dardo disparado na direção do infinito que alcançaria. Perdeu-se no tempo, confundiu-se no espaço...

Quando a escumilha da noite fulgurou estrelada e o silêncio se abateu num poema de luar sobre a montanha, o aflito deu-se conta. Desceu cantando a poesia do Reino de Deus que já abundava no país da sua vida e adentrou-se pelas portas do futuro, consolado.

5
Ausência-presença

Ao iniciar-se o ministério, Ele abandonou transitoriamente a convivência dos amigos e fez-se ausente por quarenta dias, durante os quais foi comungar com Deus em extenuante jejum para suportar conviver com os homens... Depois da Crucificação, ressurrecto, por quarenta dias Ele se demorou entre os companheiros, oferecendo Sua presença amorosa a fim de que confiassem no ministério abraçado.

A ausência O faz ressurgir em fulgurante presença.

A presença de Jesus permanece na Terra, não obstante a onda avassaladora do materialismo e do utilitarismo humano, penetrando os corações e fortalecendo aqueles que se Lhe vinculam, tornando os pigmeus gigantes, e os escravos homens livres interiormente.

Não apenas os santos e os místicos registraram-Lhe a presença nos momentos de êxtase e grandiloquência. Também os construtores das novas nações, os cientistas e os tecnólogos ao penetrarem a intimidade das formas e descobrirem os intrincados mecanismos da máquina humana que lhes constituem fontes inexauríveis de estudo e observação.

O artista e o esteta sentem-nO e deslumbram-se, magnetizados pela Sua força transcendente, renovadora.

De Francisco de Assis a Teresa d'Ávila, a Albert Schweitzer, cada um, por seu turno, sentiu a magia da Sua presença produzindo uma grandiosa força que os vitalizou e impeliu a realizar a transformação de si mesmos, dos homens e da época em que viveram...

Pascal, Lineu, Bergson, Goethe, Einstein experimentaram o hálito vivificador da Sua presença fascinante, deixando-se vencer momentaneamente para volverem ao campo de ação, tocados pelos objetivos nobres que erguem a vida...

Sempre Jesus!

Os que O detestam não conseguem fugir à Sua presença, onde quer que se refugiem.

Sentem-se *perseguidos* pelo Seu brando olhar e pela doçura da Sua voz, impregnados pelos conceitos que Ele emitiu e dos quais não se conseguem libertar...

~

Eram aqueles os dias de dor, de luto, de saudade. Uma saudade penetrante, como uma adaga cravada na alma, fazia-os recordar o Amigo que há pouco se deixara guindar numa Cruz, para ressurgir...

As vagas notícias sobre as perseguições imediatas atemorizavam o grupo.

Naquele dia, porém, chegaram as alvíssaras, a Boa-nova! Ele houvera desaparecido do sepulcro antes selado, que agora se encontrava vazio...

Uma ex-vendedora de ilusões fora a mensageira da notícia. Todavia, sua narração deixava esperanças e suspeitas...

Eles saíram de Jerusalém à hora sexta, sufocados pela ardência do calor.

A terra árida, calcinada, adusta apresentava-se triste e erma sob um céu escaldante, carregado de nuvens sombrias.

Caminhavam mergulhados em reflexões. Eram dois amigos e, no entanto, seguiam a sós. Retornavam ao seio dos familiares, após as emoções desencontradas dos últimos dias. Aos júbilos da entrada em Jerusalém, sucederam as sombras inditosas do Calvário...

Dialogavam de tempos em tempos. No entusiasmo dos diálogos que ora se faziam mais ardentes, quando se reencontraram no caminho das recordações, ouviram a interferência de um Estranho que os interroga:

– *De que falais um com o outro?*[8]

Pararam tristes.

Cléofas interrogou:

– *Oh! Porventura ignorais o que se passou em Jerusalém, nestes dias? Sereis o único? Sois estrangeiro?*

E explicaram sucintamente os acontecimentos trágicos.

O Homem, que deles se acerca, inquire-os, interessa-se, ouve a fala...

– *Oh! Néscios e tardos de coração para crerdes em tudo o que os profetas disseram!*

Narra-lhes, então, as Escrituras com ardor, evoca os textos antigos, os profetas, emociona-se, emociona-os e os deslumbra.

Anotou Lucas que os viandantes não conseguiam identificar o Estranho por "terem os olhos fechados".

Inobstante sentem-se aquinhoados com as estrelas da sabedoria que borda os lábios do gentil companheiro.

Cai a tarde...

Emaús dista de Jerusalém 60 estádios. Asseveram alguns estudiosos da exegética e da historiografia do Evangelho que a distância seria de quase 160 estádios, quase 30 quilômetros.

8. Marcos, 16:12; Lucas, 24:13 a 35 (nota da autora espiritual).

Não importa, isto é secundário.

O essencial é que a cidade de *Amouas* ou *Nicópolis*, situada na *Lidda*, no vale de *Séphala*, fizera-se famosa desde os dias de Judas Macabeu, que ali batera os gregos em lutas cruentas. No entanto, era uma aldeia, um pequeno burgo de "fontes frescas" cantantes, onde hoje se encontram sicômoros, jardins, alcaparreiras em flor.

Seria registada no Evangelho como a cidade da diáfana Presença.

Haviam chegado, quando sentiram que o Estranho parecia prosseguir o caminho.

Cléofas diz-lhe, emocionado:

– *A tarde caiu, as sombras descem, fica conosco, Senhor, o dia já declinou!*

Na melodia da voz, uma entonação de carinho e gratidão a quem os consolara. Este aquiesce, adentra-se pela casa acolhedora, parte o pão, abençoa-o antes e o distribui aos amigos aturdidos...

Dão-se conta. Despertam. Sorriem e choram...

Era Jesus.

Como não O identificaram?!

O júbilo explode inesperado e os braços se abrem para afagá-lO. Ele, porém, dilui-se, enevoa-se e desaparece...

O estupor os domina, as mãos suam e tremem, álgidas...

Não podem sopitar as alegrias e, ato contínuo, retornam a fim de anunciar o encontro.

Fazem-no com emoção surpreendente, em regozijo insuperável.

~

Ficarão nas histórias da História o fato e o feito.

Antes o Senhor os chamara néscios, por fim os abençoara.

Nunca vos deixarei a sós! – dissera anteriormente.

Testificando a excelência da promessa, ainda hoje, nas torpes e adustas estradas da vida, pelos ínvios caminhos da guerra humana, no cotidiano das lutas da evolução, a presença de Jesus é a segurança e a força de todos quantos n'Ele confiam.

Mesmo quando o fragor das tempestades parece tudo aniquilar, Ele irrompe de dentro do *coração* e balsamiza com confiança, oferecendo a resistência e o equilíbrio necessários para a vitória.

Ninguém que esteja a sós.

Nunca em abandono.

Aquele que se sente desprezado, certamente O abandonou, deixando de registrar-Lhe as vibrações.

Envileceu a alma, desconectou os registros psíquicos, estiolou-se intimamente, fugiu...

No entanto, em qualquer momento em que faça quietação e prece, ei-lO que surge, triunfal e amigo, permeando a alma e irrigando-a de entusiasmo para superar as vicissitudes.

A Emaús simbólica se desdobra diante dos nossos olhos, os diálogos pessimistas se repetem, a via se alonga; numa curva, porém, do caminho, Ele aparece e dirige a palestra, segurando a coragem e conduzindo para frente...

Onde estejas, como te encontres, da forma que quiseres, tenta sentir-Lhe a presença e nunca te ausentes d'Ele.

Quarenta dias esteve ausente em jejum, preparando-se. Quarenta dias de presença sustentando a era da liberdade total e da glorificação perene.

6
Multidão e Jesus

A multidão! Sempre o Senhor esteve visitado pela multidão.

A multidão, porém, são as chagas sociais, as dores superlativas, as agonias e decepções, as lutas e angústias, as dificuldades.

Em toda parte o Mestre esteve sempre cercado pela multidão.

Através das Suas mãos perpassavam as misericórdias, as blandícias, manifestava-se o amor...

O Seu dúlcido e suave olhar penetrava a massa amorfa sob a dor repleta de aflitos e ansiosos, lenindo as desesperações e angústias que penetram as almas como punhais afiados e doridos.

A multidão são o imenso vale de mil nonadas e muitas necessidades humanas mesquinhas, onde fermentam os ódios, e os miasmas da morte semeiam luto e disseminam a peste em avalanche desesperadora num contágio de longo porte...

Ele viera para a multidão, que somos todos nós, os sedentos de paz, os esfaimados de justiça, os atormentados pelo pão do corpo e da alma...

Todos os grandes missionários desceram das altas planuras para as multidões que são o nadir da Humanidade.

Por isso sempre encontraremos Jesus cercado pela multidão.

Ele é paz.

Sua presença acalma, diminuindo o fragor da batalha, amainando guerras de fora quanto os conflitos de dentro.

Ele é amor.

O penetrar do Seu magnetismo dulcifica, fazendo que os valores negativos se convertam em posições refletidas, em aquisições de bênçãos.

Quando Ele passa, asserenam-se as ansiedades.

Rei Solar, onde esteja, haverá sempre a claridade de um perene amanhecer.

~

Ele tomara a barca com os amigos do ministério e vencera o mar na serenidade do dia.

As águas tépidas, aos ósculos do Astro-rei, refletem o céu azul de nuvens brancas e garças...

Há salmodias que cantam no ar, expectativas que dormem e despertam nos Espíritos...

Chegando às praias de Genesaré, a notícia voa nos pés alígeros da ansiedade e a multidão se adensa...

As informações se alargam pelas aldeias vizinhas, pelos povoados ribeirinhos...

Todos trazem os seus... Os seus pacientes, familiares e conhecidos, problemas e querelas...

Exibem chagas purulentas, paralisias, dificuldades morais, misérias e tormentos de toda espécie.

Obsessos ululam e leprosos choram, cegos clamam e surdos-mudos atordoam-se.

A atroada dos atropelos que o egoísmo desatrelado produz, a inquietação individual, o medo de perder-se a oportunidade tumultuam todos, os semblantes se angustiam, os ruídos se fazem perturbadores, enquanto Ele, impávido, sereno, acerca-se e toca, deixando-se tocar...

Transfiguram-se as faces, sorriem os rostos antes deformados, movimentam-se os membros hirtos, e os sorrisos, em lírios brancos engastados nas molduras dos lábios arroxeados, abrem-se, exaltam o Rabi, cantam aleluias.

A música da saúde substitui a patética da enfermidade, a paz adorna a fronte fatigada dos guerreiros inglórios.

Partem os que louvam, chegam os que rogam...

Há silêncios que se quebram em ribombar de solicitações contínuas. Há vozes que emudecem na asfixia das lágrimas.

Das fímbrias das Suas vestes, que brilham em claridade desconhecida, desprendem-se as virtudes e estas curam, libertam, asserenam, felicitam...

Genesaré encontra o seu apogeu, encanta-se com o Profeta...

O Rabi, o Aguardado, reveste-se de misericórdia e todos exultam.

~

Narram os evangelistas que naquela visita à cidade formosa e humilde ocorreram todos os *milagres* que o amor produz.

No entanto, por cima de tais expectativas e conquistas transitórias, Jesus alonga o olhar para o futuro e descortina, além dos painéis porvindouros, a Nova Humanidade destituída das cangas atribulatórias, constringentes e justiçadoras com que o homem se libera, marchando na direção do Pai.

Até este momento, o Senhor sabe que os homens ainda são as suas necessidades imediatas e tormentosas em cantochões de agonia lenta...

Por muitos séculos soarão as vozes das multidões necessitadas e torpes, no festival demorado das lágrimas.

~

Mesmo hoje, evocando os acontecimentos de Genesaré, defrontam-se as multidões, buscando as soluções imediatas para o corpo, no pressuposto de que estão tentando atender o Espírito, exculpando-se das paixões, aparentando manter os compromissos com Jesus mediante um comércio infeliz para com as informações e conquistas imperecíveis...

Cristianismo, todavia, é Jesus em nós, insculpido no santuário dos sentimentos, esflorando esperança e fé.

Atendamos à enfermidade, à viuvez, ao abandono, à solidão e à fome sem nos esquecermos de que, revivendo o Mestre Insuperável, os Imortais que ora retornam buscam, essencialmente, libertar o homem de si mesmo, arrebentando os elos escravocratas que o fixam às mansardas soezes do primitivismo espiritual de cada um, a fim de alçá-lo à luz perene e conduzi-lo às praias da nova Genesaré do amor, onde Ele, até hoje, espera por todos nós, a aturdida multidão de todos os tempos.[9]

---

9. Mateus, 14:34 a 36; Marcos, 6:53 a 56 (nota da autora espiritual).

7
A ENTREVISTA

Pairavam, no ar balsâmico da noite, as dúlcidas vibrações da mensagem há pouco enunciada.

Pelas mentes em renovação eram repassadas as lições como cantilena sublime que deveria impregnar indelevelmente aqueles Espíritos sequiosos de luz.

O Rabi estivera emoldurado de estranha, fascinante claridade que se irradiava em suaves tons e penetrava os sentimentos, iluminando por dentro.

O velário da noite em silêncio acompanhava as onomatopeias da Natureza, respirando ruídos e entoando hinos em hipérboles sublimes.

Era primavera em Israel...

A própria florescência do campo tornara-se inconfundível moldura para o Cantor Divino.

Podia-se asseverar que as balizas do Reino de Deus se ampliavam e já intercambiavam os dois mundos através da ponte invisível e poderosa do amor...

A entrevista fora programada desde às vésperas.

Não se tratava de uma pessoa qualquer. Aquela personagem respeitável transitava pela humilde Galileia e, após ouvir informes variados sobre Ele, resolveu-se por dialogar com o Profeta Peregrino.

Os pescadores simples sentiam-se honrados com a deferência do homem ilustre que se dignara ouvir Jesus...

Naturalmente não se prontificara a ir à praça do mercado ou à praia romântica onde Ele falava...

Preferira um diálogo discreto, considerando a posição relevante que desfrutava.

Àqueles dias, o país era um covil de lobos ambiciosos que se entredevoravam... Por isso admirava a coragem do Galileu em profligar a lei e sustentar o poema do amor, enquanto a usura e a ambição disputavam até os despojos dos vencidos...

Fora, então, concertado o encontro através da intercessão de terceiros...

Havia na casa de Simão a expectativa de festa, uma ansiedade de júbilo.

Quando o venerável estranho se anunciou pela boca de diligente servo que o acolitava, foi conduzido à pérgula natural do pátio da residência, onde, em tosco banco de pedra, o Mestre, paciente, o aguardava.

No semblante transparente do Senhor misturavam-se bondade, ternura e compaixão.

Era esta a forma habitual como Ele sempre atendia as necessidades, as aflições das massas, dos homens...

– *Senhor!* – exclamou o velho pescador, visivelmente emocionado. – *Aqui se encontra o fariseu Jocaba ben Mordeckai que nos escutou referências à Tua palavra e, interessado pela construção do mundo novo, honra nossa casa...*

O visitante ilustre, habituado ao formalismo inoperante, curvou-se em atitude de respeito e quando ergueu a cabeça deparou com os tranquilos olhos de Jesus que o penetravam docemente, qual traduzissem a inocência de uma criança confiante...

Desacostumado à pureza, Mordeckai estremeceu levemente, e iniciando a entrevista, completou a apresentação:

– *De fato. Descendo da nobre casta dos fariseus e entreguei toda a minha vida à Lei, à preservação das tradições do povo eleito, aos costumes da nossa raça... Não posso, porém, negar que os postulados dessa mensagem nova de que vos fazeis portador fascinam-me a alma no corpo envelhecido e experiente...*

Relanceou o olhar e percebeu o brilho da face de Simão deslumbrado, na sua simplicidade ingênua.

Estimulado pela emoção do velho pescador, prosseguiu:

– *Meu nome está em jogo... Do altar honroso de Jerusalém, desço ao poviléu através de vós.*

Creio no amor e confio na misericórdia.

Tenho o peito túmido de glórias e anelo pelo paraíso depois das sombras do sepulcro.

Uma força inexplicável trouxe-me até aqui e ouso dizer que confio em vós.

A austeridade da Torá dá-me forças; no entanto, o amor e a ternura que pregais dilatam esperanças, renovam a vida e abrem horizontes aos que permanecem ao rés do chão, no charco da ignorância.

Não pude resistir a este momento nem sopitar o desejo de conhecer-vos.

Possuo bens e pretendo colocá-los às vossas ordens; anelo estar do Vosso lado, porém gostaria de permanecer anônimo, a fim de que não corra riscos desnecessários... Compreendeis?

Silenciou, enquanto Jesus o contemplava, sereno.

Como o intervalo se fizesse demasiado longo, Simão interrogou:

– Que dizeis, Senhor, diante de tão nobre e respeitável oferta?

– Que o Pai é o magnânimo doador de todos os bens, sem imposição de qualquer natureza nem receio algum.

– Deus, porém, nos oferece a Sua ajuda através de outros homens e o senhor Mordeckai é o enviado providencial para a vossa Obra, não vos parece?

O Mestre espraiou os olhos pela noite em festa e, apontando o zimbório coruscante de astros, respondeu, gentil:

– O Reino de Deus, Simão, se estabelece no coração como no Infinito se emolduram os astros, perto e longe... Quando tal ocorre, ninguém o vê de pronto, porque não oferece paisagem exterior. O homem renovado, porém, o sabe.

É muito distinta a oferenda do ilustre e venerável Mordeckai, mas o Pai, através de mim, está chamando aqueles que não têm um nome a perder, nem uma posição de destaque a oscilar...

São expressivos e valiosos os bens e tesouros que esparzem esperança e conforto, diminuem a dor e renovam a alegria de viver; todavia, a dádiva de que sou portador independe dos bens externos e luariza interiormente, libertando de todas as necessidades, das que engendram a fome e a dor, o problema e a luta...

O nosso visitante, não obstante muito bem intencionado, está comprometido com o mundo e enrodilhado nos grilhões do relevo social, cujas honrarias teme perder, não podendo seguir conosco...

Sob o balbucio das ondas, o Mestre afastou-se delicadamente, enquanto Pedro, encabulado, ante o espanto da autoridade israelita em descontrole pela revolta que dele se apossou, tentava acalmá-lo.

O interlocutor untuoso, disposto a dar os valores perecíveis, não, porém, o testemunho da fidelidade, estremunhado, envolveu-se no manto e partiu revoltado.

Logo depois, o discípulo amargurado acercou-se do Amigo Divino e, sem poder ocultar o próprio desapontamento, interrogou:

– *Não dizes estar convocando trabalhadores para a Boa-nova? Por que a atitude para com o venerável candidato que nos poderia defender perante as altas cortes?*

– *Trabalhadores, sim, Pedro* – retrucou o Mestre, sem enfado ou mágoa –, *nunca, porém, negociadores dos divinos favores. Não nego que Jocaba ben Mordeckai é homem valioso para o mundo, convém, todavia, não esquecer que todos os valores provêm do Pai e que a mais alta corte que existe é aquela cuja autoridade se origina do Alto, cujos decretos se manifestam pela consciência de cada um... Não te entristeças, portanto. Chegará o dia em que o Evangelho penetrará os lares com a pureza sublime da verdade, os homens se reunirão em família, na intimidade da oração e do diálogo feliz, sem que se faça necessário negociar com os dominadores transitórios da Terra, que conquistaram o mundo e, após os gozos, ante o túmulo que se lhes abre invencível, apressam-se por conquistar em negócios enganosos um posto de honra no reino de justiça e paz.*

Para tal cometimento, legiões de trabalhadores invisíveis operarão em meu nome, infatigavelmente. Não tenhamos pressa. A obra do amor é lenta, sem embargo, segura.

Ao longe, oscilavam as ânsias dos astros em baladas de luz.

8
Em Cafarnaum...

O Sol esplende acima e reflete-se em pó de ouro sobre as águas calmas.

A cidade regurgitante encaminha-se para a Sinagoga, no dia reservado ao Senhor.

As vozes da movimentação silenciam enquanto a morna prostração da hora estuante se abate sobre o cenário bucólico em que a Natureza e o homem confraternizam em doce entretenimento.

Cafarnaum, ao lado noroeste do Mar da Galileia, é famosa... Suas praias largas contrastam com os outeiros do fundo, e a singeleza do poviléu, que margina a orla do grande lago, difere da opulência dos negociantes e transeuntes que atulham as ruas de pavimentação larga, onde surgem palacetes entre ciprestes oscilantes, abetos esguios e rosais desatando perene perfume...

A cidade, sob a influência romana, ostenta luxo, a arquitetura se harmoniza com as linhas clássicas do império dominador.

Ali sucedem as coisas mais importantes da região, na parte superior ou na orla do mar.

Viajam da zona rica para as casas baixas dos pescadores, para as vilas modestas, as notícias e informações multifárias que mantêm a população a par de todos os sucessos...

Naquelas cercanias, Jesus cantou a epopeia eterna do Evangelho. Entre suas gentes simples e ardentes, ingênuas e emotivas, trabalhou a coroa de bênçãos com que pretendia ornar os corações vitoriosos nas refregas apaixonantes do dia a dia de todos.

Ali atendeu às necessidades renovadas dos aflitos e dos atormentados de toda espécie, neles insculpindo, com o fogo da verdade, a mensagem de consolação e advertência com que instaurou a Boa-nova na Terra.

O sábado, caracterizado pelo "repouso do Senhor", era, então, dedicado à adoração, ao culto e ao descanso.

Qualquer atitude deveria ser antes examinada e pensada, todo esforço era submetido às medidas permitidas, de modo que não violassem as disposições legais sempre abundantes em detalhes insignificantes.

O temperamento judeu, minudente e vigoroso, não obstante temesse Deus antes que O amasse, fazia de cada homem um infeliz perseguidor do próximo, sob o amparo da lei arbitrária e mesquinha em que se apoiava.

Amigos facilmente se transformavam em adversários arrimados a contendas, intermináveis e fúteis, nas quais se exaltavam as paixões, e o orgulho se abria em feridas purulentas, demoradas.

Dava-se mais importância à aparência do que à legitimidade dos fatos. A criatura se credenciava à superioridade graças à opinião dos outros, não raro inverídica quanto à correspondência ao comportamento pessoal.

O delito se caracterizava pelo desvelar do crime, não pelo haver-se praticado. Enquanto jazia oculto, a consciência em falha adormecia, desvelada, e as injunções econômicas e sociais trabalhavam por diminuir-lhe a gravidade.

Também era assim com referência ao Estatuto para com o Senhor... Oferendas e sacrifícios objetivavam a purificação, as primícias e os dízimos reestruturavam as bases comunitárias, readmitindo os infratores à sociedade, a instância da habilidade da classe sacerdotal, sempre complacente para com aqueles que possuem os haveres do mundo e gravemente severa para com os deserdados da Terra, não, porém, dos Céus...

A sinagoga, em razão disso, era o centro ativo da cultura, da religião e da lei nas cidades interioranas, fazendo o papel de igreja, assembleia, corte e academia.

Para lá afluíam, por impositivo religioso e social, todos os homens válidos, como alguns enfermos que, além de exporem as misérias orgânicas e psíquicas com a escudela distendida para as esmolas, exibiam nas carnes e na mente a "ira do Deus" que os marcara indelevelmente.

O Senhor se manifestava mediante o ódio, o horror, a vindita...

Naquele recinto se discutiam e se celebravam os cultos permitidos fora do Templo de Jerusalém...

Várias vezes Jesus esteve nas sinagogas, enfrentando as vaidades humanas e exprobrando a hipocrisia, fundamentado nos livros sagrados.

Aplausos e apupos, não raro, em controvérsia, dominavam os recintos em que Sua voz se alteava para ensinar.

Quando Ele se adentrou na sinagoga de Cafarnaum, naquele sábado luminoso, um obsesso conhecido, identificando-O, pôs-se a clamar:

– *Jesus de Nazaré, que tens tu contra nós? Deixa-nos. Vieste perder-nos?...*[10]

Há um estupor na multidão.

Todos sabem que aquele homem alienado é incapaz de raciocinar. Carregando as pesadas cangas que o jugulam à loucura, era objeto de escárnio geral. É certo que se não tornava furioso, mas indubitavelmente fora expulso da comunidade dos sadios por ser dominado pelos seres infernais.

A obsessão era, então, epidemia a grassar reparadora nas consciências reprocháveis, provocando ironia e indiferença.

Possivelmente hoje é quase similar a atitude do homem moderno, na sua vacuidade disfarçada de cultura e civilização...

Atenazados pelos adversários desencarnados, sobreviventes ao túmulo e sequiosos de desforços, sincronizavam em processos vigorosos os opositores, que se mancomunavam em lamentáveis processos de interdependência psíquica, às vezes orgânica, em inditosas parasitoses espirituais...

A Entidade perversa e ignorante que se locupletava no processo vampiresco identifica o Justo e teme-O. Deseja produzir o escândalo, apresentando-O à multidão fanática, soberba e covarde, a fim de vê-lO expulso da assembleia, enquanto prosseguiria no consórcio desditoso.

– *Sabemos que és o Santo de Deus* – brada o áulico da Treva, enquanto esparze o bafio tóxico dos receios.

Antes, porém, que os ouvintes despertem do estupor e se deem conta do que se passa, desde que não era chega-

10. Lucas, 4:31 a 37 (nota da autora espiritual).

da a hora da revelação, o impoluto Mestre se aproxima e repreende o obsessor com austeridade, exortando-o à elevação e impondo-lhe a expulsão pura e simples...

Ao império da augusta vontade, sob o comando das forças superiores que distende, o obsessor se retira, enquanto o enfermo estertora e desperta...

~

A vigorosa voz do Mestre conduz a carga da energia que se sobrepõe aos fluidos maléficos do atormentador em si mesmo aturdido. Sua autoridade deflui da Sua procedência e da Sua conduta.

Várias vezes exercê-la-á em nome do amor, da justiça, demonstrando a elevação do Seu ministério.

Os homens necessitam de testemunhar fatos, a fim de poderem crer nas palavras.

E Jesus é a vida em abundância, espalhando alegria.

Nunca deixará de sê-lo.

Jamais diminuirá o impacto da Sua força onde se apresente.

~

Cessada a bestial, horrenda alienação, o paciente se recompõe, levanta-se, constata o fenômeno da restauração da saúde, exulta e corre a levar a notícia aos que ali não se encontram...

Liberado da dívida, após concluída a provação, ao amparo do Cristo, renasce.

A Entidade odienta que se passava como o adversário de Deus – demônio, na acepção pejorativa – sabe-se tão somente um desditoso e, por isso, não enfrenta o Senhor.

Não ficará, porém, à mercê do abandono ou do tempo. Também será lenida. Libertando a vítima, de si mesma se liberta. Atendida por Jesus, desperta para novas conquistas...

É o bem abençoando a bondade...

Ao clarim da gratidão e entre os acordes dos júbilos, o ministério cresce.

Descendo ao abismo em sombras das consciências entenebrecidas de um e do outro lado da vida, Ele atesta a excelência dos Seus propósitos e afirma a Sua perfeita identificação com o Pai.

Não obstante, os homens despeitados e invejosos recusam-nO, desdenham-nO.

Têm início as primeiras hosanas, prenunciadoras das futuras perseguições implacáveis.

No sábado, porém, na sinagoga de Cafarnaum, do lado noroeste do mar, ante o Sol que doura a Terra, Jesus liberta o endemoninhado, simbolizando a grande libertação que propiciaria à Humanidade de todos os tempos, dominada pelos demônios dos vícios, fâmulos dos desencarnados em perturbação.

9
A IGREJA DA VERDADE

Àquele momento, já não há razões para dúvidas ou incertezas.

A Natureza fez-se esplêndida pauta musical onde se gravam as notas sublimes do Seu Messianato.

Cada palavra é um acorde feito em luz.

Todo gesto, um *alegríssimo* de paz.

As onomatopeias da paisagem sucedem-se e logo se misturam às profundas mensagens do Seu amor.

Os amigos já O viram desatar homens das amarras que inibem, imobilizam ou dificultam o acesso à luta, ao bem operante.

Ao contato da Sua presença ímpar, modificam-se as situações, alteram-se os contornos dos problemas, diminuem os complicados óbices, quando colocados à frente.

Ninguém O perturba ou confunde.

Uma expressão do Seu olhar, um movimento da Sua face, e os astuciosos se revelam, rendidos.

Qualquer ardil faz-se de fácil transposição. As ciladas não O alcançam.

A Sua sombra, em caindo sobre alguém enfermo, restitui-lhe a saúde, e através das Suas roupas se distendem as mercês.

Não O contraditam nem O atemorizam.

Suave, dulcifica a alma, ameniza a aspereza dos fatores externos violentos, e acalma os tumultos interiores persistentes.

Vigoroso, invectiva contra o erro, arrosta as consequências das atitudes, verbera contra o crime e a simonia diante dos acumpliciados com a usurpação e a hedionda hipocrisia.

São aqueles os dias da esperança, das festas da alma.

Refertam-se os Espíritos humildes com as fortunas do bem.

Os amigos já O conhecem, pelo menos dispõem de todo os dados para O identificarem.

Eram, porém, homens algo confusos, subitamente arrancados das pequenezas materiais para as excelsitudes do espírito.

Içados, de súbito, das covas sombrias e sem perspectivas para os altiplanos de perene claridade, sentiam-se aturdidos.

Amavam a luz e temiam-na.

Comiam o pão da verdade, mas o não digeriam.

Sorviam a linfa do conforto libertador e não se contentavam, fugindo para as torpes querelas, as mesquinhas disputas, os debates infantis.

O tempo, todavia, fortalecia-os, a pouco e pouco, para os cometimentos, e aqueles temores infundados se transformavam em força invencível, em estoicismos arrebatadores de fé.

Possuindo todas as seguras informações, careciam da revelação que Ele deveria dispensar-lhes.

Começariam as dores, as antífonas da amargura e os prólogos da ventura superior.

A manhã esplendente de sol é moldura para a intervenção do *Alto*, e o ar balsâmico do dia, o hálito da vida em música de fundo.

– *Quem dizem os homens ser o Filho do Homem?* – inquire Jesus os discípulos, num transporte sublime.

Não mais haverá silêncios a partir daquela hora, abafando as vozes do amanhecer para a vida nova.

– *Uns, que tu és João Batista; outros, Elias; e outros, Jeremias, ou um dos profetas* – redarguem em uníssono, na mesma voz.

É uma eloquência coral, harmônica, sincronizada.

Sim, eles criam na reencarnação e aguardavam, em febre de expectativa, que retornasse algum dos *mortos* queridos, a fim de este atestar a chegada do Rei.

Os embaixadores, no entanto, passaram, apresentaram-se e foram recusados.

Elias ali estava renascido em João, com as credenciais do reino, e, sem embargo, não o queriam compreender.

Fazia-se indispensável, portanto, desvelar-se-lhes de uma vez, a fim de que não mais se surpreendessem ante os sucessos futuros.

– *E vós, quem dizeis que sou?* – interrogou diretamente a Simão.

A dúlcida voz embala.

A pergunta frontal, sem rebuços, não dá margem a opções nem a disfarces.

– *És o Cristo, Filho de Deus vivo* – desata o venerando amigo, penetrado pela luz da verdade.

Há uma orquestração no ar e um súbito acalanto morrendo em *pianíssimo* para que ocorra um profundo "*staccato*".

Ali está o Rei diante deles, atônitos e deslumbrados.

– *Bem-aventurado és, Simão Barjonas, porque não foi carne e sangue quem to revelou, mas meu Pai, que está nos Céus* – arremata Jesus.

Soa o instante em que os segredos cedem lugar às notícias alvissareiras, os mistérios desaparecem ante as claras enunciações, e as bases, os fundamentos da era nova são fixados em definitivo nos corações e nas mentes.

Nasce a Igreja da Revelação Espiritual. Estão autorizados os intercâmbios. Os dois mundos confraternizam em abundância.

Cesareia de Filipe fez-se o santuário para a comunhão com o Mundo maior.

A cidade opulenta dos homens cede os seus arredores em flor para a convivência com os ministros imponderáveis do Senhor da Terra.

Desvelou-se Jesus aos companheiros, em definitivo.

A grande luz do Alto jorra em abundância, e a plenitude da vida estua.

A alvorada da verdade, no entanto, é também o amanhecer das dores.

No mundo não haverá lugar para ela, por enquanto.

O duelo das ilusões, na disputa do palco da dominação das consciências, recebe a adesão das forças ignóbeis da Treva que pretende permanência.

Afirma-se a chegada do amor, enquanto se juncam de expressões de ódios e dores os corações.

Jesus não esconde as aflições que desabarão sobre os pioneiros da renovação.

Ele próprio não escapará à sanha das tenebrosas artimanhas dos homens pigmeus, que tentarão defrontar o homem Filho de Deus.

Numa antevisão dos padecimentos futuros, adverte aqueles Espíritos em repentino crescimento e lhes informa sobre o pesado tributo de dor e abnegação que Ele deve dar, a fim de romper os turvos compromissos da Humanidade com a mentira e facilitar a sua religação com Deus.

Reporta-se às supremas doações que Lhe serão exigidas, para as quais veio.

Está decidido.

Ninguém se surpreenda.

Os amigos se atemorizam, e Pedro, receoso, em perfeita sintonia com as Entidades irresponsáveis que teimam por sitiá-los e fazê-los recuar, chama o Senhor à parte e admoesta-O.

A batalha é sutil e perigosa.

Indispensável enfrentá-la com decisão, sob qualquer que seja o disfarce que se insinue.

Vendo o que ocorre além das zonas físicas que envolvem o discípulo atônito, Jesus profere a severa frase com que expulsa a insinuação e desarticula o programa de perturbações nefastas:

– Para trás de mim, Satanás, que me serves de escândalo; porque não compreendes as coisas que são de Deus, mas só as que são dos homens.

Não se compadece a verdade em relação à fantasia.

Nenhuma concessão se lhe faz.

Ele veio para o momento culminante, que um dia chega para todos e de que ninguém consegue eximir-se.

Testificar pelo exemplo o conteúdo da palavra – eis a meta.

A Entidade satânica que urde na alma de Pedro a debilidade e apresenta a visão da vida, conforme a tecedura da limitação humana, vai rechaçada.

A delicada mediunidade do apóstolo que recebeu a inspiração do Céu, há pouco, num instante de invigilância sintoniza com a representação do mal de que se nutrem os Espíritos empedernidos na perversidade.

Pela ponte mediúnica transitam anjos e demônios, conforme a concessão mental e emocional do seu detentor, a cada momento.

Pedro dá-se conta do equívoco, desperta e se eleva outra vez.

Inunda-se de esperanças, liberta-se.

O Mestre, integérrimo, com os olhos postos na glória do sacrifício, exalta a dor por amor e culmina o ensino, definindo perenemente os rumos e as balizas do Seu Messianato.

– Se alguém quiser vir após mim, renuncie a si mesmo, tome sobre si a sua cruz, e siga-me.

Abrem-se de par em par as portas da Imortalidade, e a Igreja da Revelação Espiritual está construída nas almas.

O Senhor dos Espíritos decifra um dos enigmas do mundo além das sombras – a inspiração – e projeta claridade nos abismos da sepultura ignorada.

A vida supera a morte; o Espírito triunfa.

É dia de perene amanhecer!

O ar começa a pesar, carreado pelo calor das horas.

A sinfonia atinge os acordes últimos.

O grande final se apaga em sons que se misturam às vozes da paisagem.

Jamais silenciarão.

O concerto melódico invadirá os ouvidos do mundo e das gerações.

Chega o Sol vitorioso.

A luz está no mundo.[11]

11. Marcos, 8:27 a 34 (nota da autora espiritual).

10
A LIÇÃO DIFÍCIL

As inquietações se demoravam asserenadas sob o pálio estrelado da noite harmoniosa.

O código de moral sublime, inscrito nos corações, deveria permanecer indelével para os milênios porvindouros, norteando as mentes e confortando as almas aturdidas pelo perpassar das dores, através dos evos.

Sopravam as aragens brandas da Natureza em festa, respingadas pelo frio trazido do mar.

A multidão, dominada pelo magnetismo do Cristo, volvera aos lares em silêncio, penetrada de emoções – uma festa que somente culminaria no reino, após a vitória da imortalidade, passadas as sombras do corpo somático...

Tinha-se a impressão de que aquelas horas ultrapassariam os tempos e ficariam como os momentos culminantes da Terra.

Nunca dantes se dissera nada igual; jamais se ouviria algo equivalente àquele sermão do monte.

Estavam lançadas, em definitivo, as bases do Reino Eterno sobre os escombros do mundo perecível, em sua tangibilidade transitória.

As lágrimas vertidas em silêncio, no altar das meditações das almas colhidas pela sinfonia das bem-aventuranças, constituiriam, a partir dali, o adubo para as sementes de luz da Boa-nova...

Quando se preparavam o Mestre e os discípulos para retornarem aos penates, de alma túmida pela felicidade, Simão Pedro mais se acercou do Rabi e, desejando realçar a grandeza das lições sorvidas, não pôde sopitar interrogações que lhe bailavam na mente simples.

Amante da Lei, vira o esboroar dos velhos códigos de soberba e perversidade, abrindo-se-lhe aos sentimentos uma madrugada de bênçãos que o impelia à incontida ventura.

– *Rabi* – interrogou hesitante –, *jamais alguém enunciou ditos quais os que aqui foram proferidos... Nunca mais se repetirá esta tarde profunda e abençoada...*

Emulado pela silenciosa aquiescência do Amigo Querido, prosseguiu:

– *Todos os enunciados penetram-me a alma qual se fossem um punhal aguçado, feito em luz, que rasgasse a cortina de sombras que me envolvia o Espírito. Sempre acreditei e temi a soberania da lei e dos seus austeros códigos. Agora, em face dos dispositivos do amor, sem dúvida participo de uma revolução que modificará toda a estrutura da coletividade, do mundo... O Evangelho passará a ser a diretriz firme e doce para o futuro, conclamando o homem à responsabilidade, à abnegação, ao trabalho pelo progresso...*

As bem-aventuranças hoje aqui apresentadas são a excelência da esperança, bênçãos sobre bênçãos para os humildes, os brandos, os pacíficos, os amantes, os sedentos de justiça e de verdade...

Não pôde prosseguir. Os olhos marejados de pranto irromperam em cascatas, enquanto a voz se estrangulava na garganta túrgida pela emoção superior.

Compreendendo as ânsias do discípulo amado, o Senhor falou-lhe em socorro afetuoso:

– *O Evangelho prepara o mundo novo. Sob a sua influência modificar-se-ão as paisagens morais do homem, da Humanidade, sim. Não obstante, jamais revoga as leis, adiciona-lhes o sal do amor, da misericórdia. Justiça e misericórdia, severidade e amor, eis os pilotis das edificações novas.*

Até aqui a violência caracterizou o poder. No entanto, não existe maior violência *do que a pacificação. Forte não é o que tripudia sobre o fraco, nem o que esmaga aquele que cede. Este ganha, talvez, mas não se realiza na peleja. A verdadeira vitória ocorre nas telas íntimas do mundo moral: superar as paixões, vencer as dificuldades e frustrações, renunciar quando poderia exigir, ceder quando desejaria pelejar pelo triunfo, amar quando tudo conspira contra esse sublime sentimento... Entendes?*

– *Sim, Rabi* – respondeu o discípulo com doce ternura. – *Compreendo e me comovo. Nada maior do que dar a vida por amor, oferecer-se em holocausto a benefício do próximo. E é nesse ponto que as minhas indagações se fazem perturbadoras.*

Convidaste-nos a amar os inimigos... No entanto, como fazê-lo? Se alguém propositadamente fala de nós, fere-nos com o verbo ácido e humilha-nos com doestos, desrespeitando o direito de dignidade moral que o Pai nos concede a todos, como proceder?

– *Continuar amando e nunca revidar mau conceito por agressividade.*

– *E se, estimulado pelo nosso silêncio, o adversário estrugir em nossa face uma encorajada bofetada, desrespeitando os valores morais e contrariando as determinações legais que legislam contra a violência, facultando ao agredido o direito de um justo processo, como agir?*

– Oferecendo-lhe a outra face. Não nos é lícito responder brutalidade por brutalidade, agressão por agressão...

– Ninguém, no entanto, terá forças para uma atitude pacífica de tal monta. E se for tentado a reagir, ou se reagir dominado pela cólera?

– Ter-se-á tornado igual ao agressor ou pior do que ele, porque o discípulo do Evangelho será a luz do mundo, o sal da terra, o pão da vida, e nunca o fel, o veneno, a treva...

– Apesar dessa realidade, se o inimigo se investir de estímulos à viva força, partindo para o crime, ameaçando destruir nossa vida?

– Ainda aí, Simão, convém não esquecer que o criminoso é sempre o infeliz, nunca a vítima... Supliquemos ao Pai que nos livre do mal, todavia, não temamos os maus. Se o nosso amor não possuir a força de acalmá-los, a culpa não será deles... Aquele que conduz a claridade deve vencer a treva exterior, e não encharcar-se de sombras. O coração puro e a mente calma não receiam nunca. O portador da violência combure-se nas labaredas em que ardem os sentimentos da própria agressividade...

– Apesar disso, Mestre, nessa atitude não estaríamos estimulando o crime em geral, o latrocínio em particular, em que os usurpadores não trepidam em prosseguir nos seus infelizes cometimentos?...

– De forma alguma. A violência somente diminui sua força má quando abafada nos tecidos da caridade... Não nos cabe fazer justiça com as próprias mãos. Na condição de agredido e malsinado, nossa defesa não tem o direito de produzir vítimas... Seria a manutenção da criminalidade se, a pretexto de salvarmos a vida, destruíssemos a do adversário... Afinal, se revidássemos com as mesmas armas, em que diferiríamos deles, os maus, embora nos justificasse o errôneo proceder,

utilizando a escusa de que agredimos para conseguir a manutenção da própria vida...

Bem sei que isto não é fácil. O atavismo que procede da fera, que tem sobrevivido a milênios na jornada ascendente do animal para o homem, não será vencido de um só golpe, no trânsito do homem para o anjo... Todavia, se o aprendiz do Evangelho não se exercitar nas lições de fraternidade e renovação, jamais alcançará a plenitude do amor. Por isso, insisto. Se somente amamos os que nos amam, em que seremos melhores do que os fariseus e os publicanos? Imprescindível amar e amar os inimigos, até que aqueles se sintam aturdidos pela nossa afeição...

O Mestre silenciou.

Simão Pedro compreendeu a gravidade do ensinamento, e, mentalmente, atirou-se na direção do futuro.

Percebeu as lutas porvindouras, começando a conscientizar-se das renúncias e sacrifícios que o Evangelho exigia...

A noite, ao alto, em estrelas de prata, *cantava* uma grandiosa *melodia* de luz no zimbório, aguardando o futuro.

O Cantor desceu às labutas a fim de selar com o exemplo a sublime mensagem de amor aos atormentados e atormentadores do mundo...

11
No crepúsculo – Jesus

A tarde caía debruada em violeta.

Os montes, recobertos de vegetação verde-pálido, traduziam a adustez da terra difícil de ser trabalhada, quase reflexo do solo dos corações que iriam receber a semente de luz e vida em prol de uma época nova e feliz.

Aqueles dias haviam sido repletados de júbilos e expectativas que bailavam em musicalidade festiva na lira dos Espíritos.

Jamais ocorreram fenômenos que tais e nunca voltariam a suceder.

Aqueles homens humildes e desataviados, que jamais saíram dos seus sítios, pareciam embriagados de felicidade ante as circunstâncias dos sucessos recentes.

As aragens das bênçãos de que se faziam portadores percorriam a paisagem em todas as direções.

Jesus viera ter com eles e lhes modificara os destinos.

A Sua voz penetrara-os e modificara completamente as estruturas em que se firmavam.

Desse modo, seguiram-nO entre deslumbrados e curiosos.

Indecifrável para eles, o Rabi era, todavia, fascinante. Sábio sem ser solerte e nobre sem qualquer excentricidade, Sua palavra impregnava de uma singular magia que modificava os conceitos antigos e reformulava os hábitos ante a fulgência das luzes do Reino de Deus, de que se fazia embaixador, ao mesmo tempo, Rei...

Seguiam-nO docemente, sem se darem conta das futuras tarefas que lhes estavam reservadas. Não tinham ideia das excelentes e adimensionais proporções dos cometimentos que os convidariam à gigantesca realização.

Tudo eram júbilos e incertezas.

Nada inquiriam, de nada sabiam, porém confiavam.

Cobriam-lhe as pegadas maquinalmente, seduzidos pelo seu estranho fascínio.

Amavam-nO, sim, e deixar-se-iam amar se lhes fosse necessário, já que fora Ele a amá-los primeiro, por asseverar que os conhecia desde antes...

É certo que O não conheciam anteriormente, por tal razão não entenderam aquele conceito: desde antes...

Isto não importava. O essencial era a necessidade da nutrição do amor que os sustentaria por todo o sempre.

O Senhor reuniu os doze[12] e, fitando-os com inefável doçura, passou às instruções, despertando-os para as responsabilidades graves do futuro. O que *deveria ser dito* teria que ser enunciado em compasso de ternura.

Nem os atemorizar nem os iludir, revelar-lhes o que deveriam ou não fazer.

12. Mateus, 10:1 a 33 (nota da autora espiritual).

Prognosticou-lhes a finalidade do Evangelho, as responsabilidades que lhes caberia desenvolver, os compromissos a assumir e concretizar.

A palavra gentil, repassada de doçura, abria-lhes a visão anterior para os labores que deveriam modificar as estruturas sociológicas da Terra e das criaturas.

Seriam os portadores da revolução do amor, em que os proletários e infelizes, os fundamente marcados pela dor, os prepotentes e caídos no arrependimento fruiriam o amparo da esperança e a oportunidade de ascensão, mediante os recursos do sacrifício e da abnegação:

– *Ide às ovelhas perdidas da casa de Israel.*

Pregai que está próximo o Reino de Deus.

Curai os enfermos, ressuscitai os mortos, limpai os leprosos, expeli os demônios.

De graça recebestes, de graça dai.

Não vos provereis de ouro nem de prata, nem cobre nas vossas bolsas, nem de alforjes para o caminho.

Nem de duas túnicas, nem de calçado, nem de bordão...

Digno é o trabalhador do seu salário...

Já não são antífonas as preparatórias.

É a forte canção entoando deveres.

Entreolham-se atônitos os ouvintes em silêncio.

A voz prossegue em modulação superior:

– *Em qualquer aldeia ou cidade em que entrardes, indagai quem nela é digno (da mensagem) e aí ficai até vos retirardes.*

Ao entrardes na casa, saudai-a. Se ela for digna, desça sobre ela a vossa paz.

Se alguém não vos receber, nem ouvir as vossas palavras, ao sairdes daquela cidade ou daquela casa, sacudi o pó dos vossos pés.

A antevisão do futuro brilha agora nos olhos desmesuradamente abertos dos discípulos atentos, ouvintes, ansiosos...

Logo depois, a apoteose de esperança faz-se uma balada de admoestação e o Senhor se reporta aos problemas a enfrentar e às dificuldades a superar.

– Eu vos envio como ovelhas ao meio de lobos.

Sede, pois, prudentes como as serpentes e simples como as pombas.

Guardai-vos, porém, dos homens; porque vos entregarão aos tribunais, e vos açoitarão nas suas sinagogas.

Por minha causa sereis levados à presença dos governadores e dos reis, para servir de testemunhos a eles e aos gentios.

Quando vos entregarem, não cuideis como ou o que haveis de falar; porque naquela hora vos será dado o que haveis de dizer.

Não sereis vós quem falais e sim o Espírito do vosso Pai a falar por vós.

Há uma pausa de alta solenidade.

A noite confunde a tarde em despedida.

O Rabi abre os braços, e a voz é uma advertência de dor:

– Irmãos entregarão à morte seus irmãos, e pais, os seus filhos...

Filhos se levantarão contra pais e os farão morrer...

Sereis odiados de todos por causa do meu nome; mas quem perseverar até o fim, esse será salvo.

Quando, porem, vos perseguirem numa cidade, fugi para outra, porque em verdade vos digo que não acabareis de percorrer as cidades de Israel, antes que venha o Filho do Homem...

Há um choque.

Os discípulos se descobrem surpresos.

No silêncio, porém, que se faz natural, a voz do Rabi se levanta num solau pungente:

– *Muitas serão as dores por amor de mim!*

As interrogações se fazem abafadas sem coragem de explodirem palavras nítidas. Como entender-se a significação de tão ingente batalha?

– *Separar a família, dividir os irmãos, seria isso o que o Mestre desejou expressar?* – pensaram todos.

– *Não me compreenderão os homens, nem aqueles a quem amo... Isto, porque para estar comigo se faz imperioso aborrecer o mundo e suas questiúnculas, suas paixões absorventes... Imprescindível resolver em definitivo o rumo a tomar. Eu sou o caminho difícil, a porta estreita...*

Já não havia dúvida. O seu era um ministério áspero: aplainar as veredas, reverdecer os campos e dourar a terra com o trigo bom em fartura de misericórdia...

Somente os que se encorajassem a um esforço sacrificial conseguiriam lograr atingir o clímax dos relevantes deveres.

Jesus espraiou os olhos, e o casario à distância, representado pelas chamas bruxuleantes através das janelas abertas, nas vasilhas de barro vermelho e nos veladores em lamparinas débeis, revelou a proximidade da aldeia.

Os longes dos tempos acercavam-se. O infinito das horas se tornava finito. O espaço diminuía e uma epopeia de *momento eterno* estrugiu, subitamente.

– *Não é o discípulo mais que o seu mestre, nem o servo mais que o seu senhor.*

Basta ao discípulo ser como seu mestre, e ao servo como o seu senhor.

Se chamaram ao dono da casa Belzebu, quanto mais aos seus domésticos!

Portanto, não os temais; pois nada há encoberto que se não venha a descobrir.

O que vos digo às escuras, dizei-o às claras, e o que se vos diz ao ouvido, proclamai-o aos eirados.

Não temais aos que matam o corpo, mas não podem matar a alma...

Uma nova pausa se faz espontânea.

O Rabi faculta que os *ditos* penetrem em essência a alma dos companheiros.

E prossegue:

– *Todo aquele que me confessar diante dos homens, também eu o confessarei diante de meu Pai que está nos Céus.*

Aquele, porém, que me negar diante dos homens, também eu o negarei diante de meu Pai que está nos Céus.

Os olhos, agora, se nublam de emoções superiores.

Aqueles homens da terra, simples e ignorantes, se destinavam a reformar a Terra, a reestruturar o mundo.

Mais poderosos do que os fortes em trânsito para o fracasso...

❧

"Os Espíritos se lhes submeteriam, pisariam em serpentes sem perigo e prosseguiriam..."

Fermento de luz converteria a *sombra* das dores humanas em Via Láctea de esperanças, deixando um rastro de prata a indicar os sublimes rumos...

Não terminou ainda a mensagem, que não voltará a ser repetida, sem embargo deverá ser vivida a partir dali.

– *Não vim trazer paz à Terra, porém a espada!...* – exclama com rigor.

Quem ama seu pai ou sua mãe, seu filho ou sua filha mais do que a mim, não é digno de mim...

Aquele que não toma a sua cruz e não me segue não é digno de mim...

O que acha a sua vida perdê-la-á; mas o que a perder por minha causa achá-la-á...

Foi anunciada a estratégia.

Nem tudo, porém, serão dores.

As recompensas régias são apresentadas:

– *Aquele que vos recebe a mim me recebe; e quem me recebe, recebe aquele que me enviou...*

Quem recebe um profeta ou um justo, por ser profeta ou justo, receberá a recompensa reservada ao profeta ou ao justo...

Aquele que der de beber, ainda que seja um copo de água fria a um destes pequeninos, por ser meu discípulo, em verdade vos digo que de modo algum perderá a sua recompensa.

O Rabi sorri tranquilo.

Há uma doce quietação em a Natureza.

...E assim tem sido.

Sucedem-se os tempos e os seareiros, não obstante poucos, surgem e renascem, multiplicam-se e se desdobram em todas as direções, clareando de madrugadas as espessas meias-noites da desesperação.

O silêncio dos que se fazem mártires prepara a sinfonia das orquestrações que se levantarão esfuziantes.

Transitam uns anônimos, outros invejados, diversos incompreendidos, malsinados outros mais, nas áreas difíceis da Ciência, da cultura, da arte, da política nobre, da civilização, construindo o porvir que já se fixa em alicerces de atualidade.

Passaram os primeiros chamados, e todos, à exceção de João, provaram o testemunho áspero do sacrifício da vida no martírio... Vieram outros que adubaram as arenas odientas da governança transitória com o sangue da própria vida, ou iluminaram as noites, transformados em archotes vivos, eles que eram estrelas luminescentes...

Através dos tempos, Jesus lhes há constituído o zênite e o nadir da vida, modelo e guia, a estimulá-los e vitalizá-los sem cessar.

Ainda hoje e até agora prossegue sendo assim. Todavia, neste crepúsculo de civilização, Jesus reúne os seus discípulos enquanto a tarde cai em debruns violáceos e fala-lhes do amanhã ditoso, rogando-lhes, em definitivo, que se estabeleça na Terra o primado da fraternidade como pórtico feliz do excelso Reino da ventura plena...

Entardecia...

Entardece...

No crepúsculo – Jesus!

12

O MILAGRE NÃO SOLICITADO

Estabelecia-se o clima da contradição humana...

As notícias que chegavam de Cafarnaum pareciam a impossível confirmação da chegada do Messias.

Dizia-se abertamente que os tempos eram aqueles, pois que os sinais prenunciadores surgiam poderosos. Que Ele, porém, fosse o Esperado duvidavam os Seus, aqueles que constituíam o clã dos seus ascendentes, os que O conheciam desde a infância.

No íntimo de cada um se conflitavam as paixões. Anelava-se que ele fosse o Embaixador, e receavam que fosse. Gostariam de fruir benefícios, retirar as largas fatias dos jogos humanos e dos humanos triunfos. A inveja, abraçada ao despeito, no entanto, negava-lhe a possibilidade.

Anunciada a chegada à cidade que lhe propiciara berço, Nazaré se emocionou.

No sábado, a sinagoga estava repleta, mais do que costumeiramente.

Quando Ele se adentrou, os familiares lá se encontravam, indecifráveis...

Os compatriotas, aqueles que O conheceram no dia a dia dos tempos, recusavam aceitar a autoridade que se exteriorizava da sua presença majestosa.

O rabino dispôs os rolos sagrados e deu início ao ofício.

Após a oração coletiva, seguiu-se a bênção. O presidente leu o texto da Lei referente ao dia. Passou-se ao exame dos profetas. Foi franqueada a palavra a qualquer um dos presentes.

Inicia-se a *haftarah*.

Os olhares incidiram sobre Ele, impondo-lhe a definição...

Jesus se levantou, tomou o rolo venerando dos profetas e leu um versículo apenas, em tom solene e calmo. O escrito precioso informava das características do Rei Divino. Textualmente dizia:

"O Espírito do Senhor está sobre mim, pois que me ungiu para anunciar boas novas aos pobres. Enviou-me para proclamar a libertação aos cativos, restaurar a vista aos cegos, para por em liberdade os oprimidos e anunciar o ano da graça do Senhor."[13]

Houve um silêncio incômodo de expectação, quase estupor! Escutavam-se as ansiedades e estrugiam os conflitos íntimos.

– *Hoje se cumpriu esta Escritura aos vossos ouvidos, em mim, o anunciado. Eu sou aquele que se esperava.*

Suas palavras ascendem em comentários brilhantes, produzem maravilhas, anunciam o mundo porvindouro.

Interrogam-se os presentes:

– *Não é este o filho de José?*

Inicia-se uma reação de despeito.

---

13. Lucas, 4:16 a 30; Marcos, 6:1 a 6; Mateus, 13:54 a 57 (nota da autora espiritual).

Trovejam os impropérios, os gritos se fazem ensurdecedores.

– *Blasfemo!* – vociferam os mais exaltados.

– *Faze um milagre* – trovejam os céticos. – *Repete diante de nós, teus compatriotas, as façanhas que ouvimos falar de ti, realizadas entre os ignorantes de Cafarnaum.*

As gargalhadas se fazem perturbadoras.

Ele permanece em serenidade, inatingível.

Sempre estará assim. Nada O abalará, força alguma O demoverá da sublime fatalidade do amor.

O rabino repõe a Sinagoga em ordem.

Os ódios espumam nos corações invejosos, irados.

Os homens sempre se deixarão tombar com facilidade dos cimos em quedas espetaculares aos abismos...

Às emoções superiores sobrepõem-se às paixões servis.

– *Médico* – assevera, conciso –, *cura-te a ti mesmo... Ninguém é profeta em sua terra.*

Todavia, assevero-vos, quando grassava a fome em Israel e as viúvas padeciam por três anos, foi a uma fenícia, da cidade de Sarepta, em Sídon, que Elias socorreu; e quando Eliseu saiu a ajudar, o primeiro leproso a quem curou foi Naamã, o Sírio... Não são os eleitos os únicos...

Não pôde prosseguir. O alarido assenhoreou-se da assembleia agitada, os punhos se fecharam e as deficiências morais em exacerbação sugeriram:

– *Justicemos o atrevido.*

Esse carpinteiro audacioso desmoraliza a Casa do Senhor.

– *Conspurca as tradições do povo* – acrescentou outra voz.

– *É blasfemo e traidor* – completou mais alguém. – *Certamente nega nossa primazia, nossa eleição.*

– *Rápido, façamos justiça* – explodiam vários –, *a fim de servir de escarmento para outros, os que desejam desonrar as tradições da raça abençoada.*

Os homens de pequena estatura moral nunca se permitirão compreender os seus superiores, jamais perdoarão a verdade, os que se comprazem na mentira.

O orgulho é um bafio morbífico que aniquila quem o exterioriza. Inimigo do homem, é o aliciador da desdita e do crime, emulando aqueles que o agasalham à agressão, à perfídia...

A suave e bela Nazaré estava aturdida e penetrada pelas trevas...

Jesus reservara à sua terra a honra de desvendar-se, de anunciar a primeira notícia do seu divino ministério.

⁂

As recordações lhe perpassam pela alma... Os anos juvenis, as paisagens ricas de tons verdes e escarlates, as noites salpicadas de estrelas, os entardeceres de ouro, ao longe, além da planície do Esdrelon, por detrás do monte Carmelo...

Perpassa o olhar pela massa iracunda e encontra os olhos súplices de sua mãe, ansiosa, experimentando a agonia que não cessará por muito tempo...

Naquele átimo de minuto, Sua voz luariza-lhe a alma sem palavras, num acalanto que vibra no doce e amoroso coração.

Sim, ela compreende o filho e n'Ele confiaria.

As altercações aumentam, os agressores O seguram, agarram-nO e, subitamente, O têm ao sudoeste da cidade, no acume da montanha, na parte em que o granito se rasga abruptamente...

– Atiremo-lo ao abismo... Nenhuma delonga. Eia, agora, já...

A tarde, em fogo ardente, esmaece na distância.

O Mestre, compungido, detém-se na massa agitada, fixa o penetrante olhar e domina a exaltação da covardia, açodada pelos famanazes da balbúrdia, que vagueiam nas terríveis trevas da consciência espiritual, no Além-túmulo...

Os membros se inteiriçam, as mãos se afrouxam, os olhares se esgazeiam dominados pelo magnetismo que se espraia.

Ele corrige as vestes e, estoico e pulcro, atravessa a multidão, agora inerme, e desce, buscando as planuras verde-azuis de Cafarnaum, emoldurada pelas águas quedas do lago transparente.

Nazaré não tinha entendimento para O compreender. Recusara-O, porque vencida pela doença do despeito, pela alucinação da má vontade.

A verdade fora apresentada.

Nazaré queria um milagre.

Ele se libertou das mãos dos algozes, dos corifeus da loucura sem um gesto sequer – um *milagre*!

A Sua hora de "ser erguido" ainda não soara...

Agora, porém, enquanto os ódios fazem as suas primeiras sortidas, a mensagem se espraia feita de sacrifícios e silêncios, de devotamentos e renúncias, de perene ternura, mesmo para aqueles que se negam a ser amados.

Nunca mais se extinguirá o seu conteúdo.

O mundo inteiro é o campo para a semente do seu incomensurável, incontido amor.

Ninguém deterá o crescimento da árvore da vida ou fará que seque a fonte inexaurível de água viva.

Nunca mais!

Não O receberam os conhecidos, os seus, porque Ele viera para todos, não pertencer a ninguém e ser de todos.

Ainda hoje é assim, e por muito tempo se demorará assim.

Nazaré desejava um milagre, e não entendeu o milagre não solicitado...

13
Justiça do amor

Na malta dos furibundos justiçadores da pobre mulher surpreendida em adultério, de que nos falam os nobres escritos evangélicos, encontrava-se o esposo traído, sobraçando injúrias e pronto para o arremesso das pedras lapidadoras.

Era um dos mais ferrenhos acirradores do crime legal, aliás, fora a causa central da animosidade popular contra a inerme vítima de si mesma.

Desde há muito suspeitava da fidelidade conjugal da companheira de dúbia moral e débil dignidade.

Vigiava-a, estigmatizava-a, feria-a com doestos e indiferenças.

Tornava-se frio, depois que a violência lhe espumava os ódios e os transbordava com acidez...

Calculara o desforço com felina sordidez, armando o cenário para surpreendê-la no desrespeito ao tálamo.

Não lhe constituíra dificuldade.

Convocando testemunhas venais, quanto a sua própria vilania, irrompera em casa no momento infeliz, configurando, ante o fato desastroso, o crime passível de pena capital...

A inditosa consorte não pôde sequer recalcitrar, defender-se.

Sentia-se antecipadamente morta, porquanto não ignorava ser pior do que o desvelamento do crime o peso da consciência culpada.

O consorte do gravame, acovardado, pigmeu que era em si mesmo, aproveitou-se do pânico e se evadiu...

Não interessava a ninguém o corresponsável, porém a vítima indefesa...

Arrastá-la até a praça foi o ato contínuo, sem dar-lhe tempo ao pudor de recomposição dos trajes.

O julgamento sumário, arbitrário, sem defesa nem argumentação, revelava a ferocidade interior de cada um dos improvisados juízes.

Ali estavam o homem que se supunha vilipendiado e a massa vilipendiadora, não obstante escondendo-se na falsa justiça de que se fingiam cultores...

❧

O Mestre fora peremptório ante a indagação sinuosa, a armadilha dos indignos representantes da religião e da justiça:

– *Quem estiver isento de pecados atire-lhe a primeira pedra.*

A sentença, uma ordem inesperada de conclamação ao exame de consciência de cada qual, tornar-se-ia a mais vigorosa e enérgica advertência de que se tem notícia histórica.

Ao dizê-lo, porém, relanceou o inconfundível olhar pelos circunstantes excitados, antes de deixá-los perplexos pela sublime condenação, deparando o aturdido esposo que n'Ele fixara interrogações, arrogante e ofendido.

Naquele átimo de minuto falou-lhe à acústica da consciência:

– Como te atreves? Olvidas que na sombra de quem tomba se ocultam as mãos criminosas de quem o arroja ao solo?

Onde se encontra aquele que impôs a esta mulher a deserção do dever?

Por que somente ela deve pagar?

Não foram dois os transgressores da ordem e da moral?

A balada de justas interrogações ecoava na alma em desalinho do marido descuidado.

– Ergues a pedra – prosseguiu a voz inarticulada no desarvorado algoz – *sem embargo, não és, também, adúltero, por teu turno? Quantas vezes faliste, defraudando a esperança das vendedoras de ilusões sequiosas de paz, que deglutem lágrimas salgadas pela vergonha, enquanto se escravizam no comércio nefário, a fim de conseguirem o pão amargo para a fome do estômago, já que ninguém lhes doa uma terna palavra para a sede do coração?*

O homem tentou subtrair-se, sem o conseguir, à presença dominadora do estranho Profeta que o penetrava fortemente.

– Não teria sido a tua frialdade moral e jactância que lhe deram o primeiro empurrão no rumo da queda?

A verberação continua:

– Muitas vezes ela buscou-te sem palavras, rogou-te entendimento e socorro. Intoxicado pelos vapores da própria loucura, fingiste não a ver, nem a perceber. Assim, inditosa e fraca, transferiu do dever para o crime a necessidade de encontrar-se, ruindo na armadilha que lhe propiciaste, tornando-lhe comparsa outro adúltero, enquanto fugias, também pelas rotas inditosas da desesperação.

Ela caiu porque lhe faltaste com o apoio. Se te considerares isento de culpa, apedreja-a...

O suor lhe abundou na face, nas mãos. Pôs-se a tremer como varas verdes. As pedras lhe escorregaram e tombaram ao solo. Nada mais ouviu, nem se fazia necessário. Fugiu dali, tomou o rumo do lar destroçado...

ꕥ

– *Também eu não te condeno* – disse-lhe Jesus. – *Vai, e não tornes a pecar.*

Estava lavrada a magna sentença do amor e da reeducação.

ꕥ

O criminoso é sempre um enfermo da alma. Esfaimado de amor, jaz na toxicidade da revolta.

Agredido em si mesmo, ataca, fugindo à sua realidade inditosa em desforço injustificável.

O Evangelho, obviamente, não estimula a criminalidade, não endossa o erro nem convive com a infração, pelo contrário, na sua voz imperativa é sempre incisivo quanto ao culto das responsabilidades.

O que não faculta é tornar-se alguém o justiçador de seu irmão sem os poderes legais da injunção divina ou da legislação humana, quando investido de tais condições.

Evita que as paixões se armem de falsa pureza no ato de retificar ou examinar, pelas lentes escuras da tua limitação, as fraquezas do próximo.

ꕥ

Não tornes a pecar.

A ordem permaneceria insculpida no imo da mulher enferma da alma por todo o sempre.

Quem estiver sem culpa...

A proposição chamaria a atenção do suposto traído.

Desejoso de reparar ou diminuir os gravames que gerara, foi em busca da esposa destroçada, após a cena hedionda que não culminou em espetáculo de sangue, graças à interferência do Mestre e distendeu-lhe as mãos, propondo recomeço...

Transladou a residência da cidade, abraçando a oportunidade nova, sustentado pela dulçorosa força daquele olhar e pela Sua diáfana presença, que lhe ficaram impressas n'alma.

Com o ânimo renovado, recompôs a vida, dando curso à existência mais adiante...

Ainda hoje, perante infelizes e infelicitadores, convém examinar-se a questão em torno do colhido pelo crime, não do ponto de vista pessoal, mas de acordo com as circunstâncias inditosas que ele padeceu e quiçá não ocorram a quem se considera indene, incapaz de errar.

14
O JOVEM E O AMOR

O entardecer lento deixava um debrum em ouro iridescente sobre o cabeço dos morros, no lado oposto, que se refletia sobre as águas tranquilas do lago.

O ar leve perpassava em sinfonia branda, e, à medida que o velário da noite dominava a Natureza, os astros cintilavam ao longe, qual uma *cantilena* de prata no zimbório infinito...

As pessoas comovidas dispersavam-se em silêncio, envoltas nas profundas reflexões defluentes da mensagem ouvida.

De costas para o poente, na barca encravada na areia de pedregulhos e seixos, Ele imprimira nas consciências febricitadas e antes ansiosas o postal de Sua beleza incomparável, em contornos de paz.

Enquanto falara, o Seu verbo eloquente, cheio de calor e compreensão, caíra sobre cada ouvinte qual esperado unguento colocado com carinho em purulenta ferida aberta em chaga viva...

Ampliando as balizas do Reino de Deus, profligara as alucinações argentarias, as ambições do mando arbitrário, os exageros do prazer arrebatador...

Aquele povo sofrido que acorria à praia, cada dia, a fim de ouvi-lO, conduzia ansiedades e paixões, anelando por encontrar a diretriz e a paz, a renovação e a segurança que lhe faltavam.

Saturado pelo desespero, sob o impositivo das forças desatreladas da governança odienta e escravocrata que gerava a fome e a revolta, padecia também da cegueira espiritual, atirando-se, como desforço, à dor, aos abusos de toda espécie, perseguindo ilusões...

Ouvindo-O, acalmavam-se as inquietações, e uma aragem de renovação íntima lhe perpassava as paisagens interiores...

Sem dúvida Ele era o Esperado...

Renovavam-se, cada tarde, as multidões sedentas de esperança, à medida que os Seus ditos e os Seus feitos aumentavam o círculo dos informados, que chegavam mais ávidos, mais necessitados.

~

Cercado por pequeno grupo de companheiros que Lhe apresentavam questões pessoais, Ele refletia nos olhos profundos a serenidade de quem conduz a paz, daquele que é a paz.

Acercou-se um jovem, canhestro e constrangido, que, não se podendo evadir do magnetismo que d'Ele se irradiava, sem sopitar a onda de tormentos que o afligia, aproveitou-se de um ensejo que se fez natural e inquiriu, tímido, porém sensibilizado:

– *Acabo de ouvir-Vos, e a Vossa palavra penetra-me como afiado punhal... Os conceitos me ardem na mente, como brasa que queima e requeima... Desejei evadir-me, sair daqui, e não pude... Eu, que já não tinha paz, acabo de perder a alegria ao escutar-Vos...*

Fez uma pausa e logo prosseguiu:

– Sou jovem, respeito os mandamentos; no entanto, ambiciono pelo prazer, o gozo, porquanto minhas carnes vibrantes anelam esse repasto até a lassidão... Pertenço a uma família abastada da vizinhança e encontro-me em trânsito... Será possível a felicidade sem o prazer?

Jesus olhou o jovem com a ternura que demorava exuberante na urna do Seu coração e refertava todos quantos d'Ele se aproximavam.

Visitado por aquele dúlcido olhar, o moço enrubesceu, acabrunhado.

Como se a Sua voz se fizesse um quase cicio, respondeu o Amigo:

– A felicidade que se usufrui gasta-se, e a que se alicerça sobre o prazer se desmorona. Todo prazer imediato é fugidio, porque se estriba na fragilidade dos sentidos físicos, e estes sofrem os impositivos das sensações que passam breves. Se procede das aspirações nobres, constitui motivação para a renúncia e a abnegação a benefício da harmonia duradoura. Quando inspirado no jogo devorador das sensações, arde e se apaga, deixando impressões frustrantes, amargas...

O prazer do corpo exige o repouso, e o prosseguimento, num crescendo sem limite, leva à exaustão, ao desgaste.

A felicidade, porém, expressa-se por um estado natural de paz e alegria sem altos nem baixos, distante das explosões do júbilo e das quedas no desespero.

– Como, então, não ambicionar o amor, se ele, premiando o amante com o prazer, é a fonte do gozo?

– Referes-te à posse selvagem que se confunde no gozo abrasador, não ao amor que comunga em espírito. O prazer real decorre da vivência do amor que não entedia, enquanto o prazer da posse do amor exaure e enfastia... Situando a felicidade no amor a Deus e ao próximo, desejo conceituar o gozo

não como a finalidade em si mesma, mas como o próprio ato de amar... Semelhante ao estuar de um botão de rosa que desabrocha e perfuma simultaneamente em derredor, o gozo do amor puro perdura no desabrochar do sentimento e na fecundação que fomenta a vida...

– Sou jovem, Senhor! Ambiciono a felicidade. Que me cabe fazer, se da alegria apenas conheço a sofreguidão dos desejos?

– A juventude não é apenas uma fase transitória do corpo, mas um estado de espírito. Quando a idade jovem se compromete, o homem envelhece e se perturba num processo de decomposição íntima. Indispensável amar sem ferir em nome do amor, desejar sem impor, esperar sem aflição e confiar sempre. Se o que consideras como tua felicidade amargura outrem ou tisna a pureza do amor, esse sentimento não é verdadeiro nem fundamental: decorre da paixão infrene e degradante que envilece e passa...

– Eu, porém, amo e sofro...

– O verdadeiro amor não produz sofrimento, porquanto sabe aguardar, não se precipita nem destrói nunca. É todo feito de edificação do bem pelo bem geral. Se desejas amar a fim de que a felicidade se te faça um estado real, renuncia hoje ao prazer entorpecente e semeia o bem para amanhã. O amor virá ao teu encalço, enquanto o tempo lenirá a ansiedade do teu coração, apaziguando-te. Não ateies a chama dos desejos n'alma com fagulhas da ilusão no corpo...

O jovem silencioso fixou em Jesus o olhar e, sinceramente comovido, balbuciou, desanimado:

– Compreendo-vos, Senhor, compreendo-vos... É, todavia, muito difícil...

E afastou-se meditativo.

O Mestre acompanhou-o com o olhar amoroso, enquanto o vulto da sua presença se diluía nas sombras da distância.

Seria essa a reação dos ouvintes por muito tempo, até o dia longínquo em que anelassem pela felicidade real.

No alto, o céu de turquesa, com gemas de prata engastadas, era perene pauta virgem em que Ele inscrevia as notas sublimes da excelsa melodia da Sua Boa-nova, para o futuro dos tempos.

15
Em Betânia, Lázaro voltou

A urdidura da perversidade se apresentava na imprudência do ódio que espocava nas mentes aturdidas e despeitadas.

A reação psicológica dos que são nobres, apenas na aparência, se expressava na intriga e na inveja, que retratam os painéis ignóbeis da hipocrisia bem vestida e da pequenez moral disfarçada em pureza exterior.

Jesus, sabendo que ainda não era chegada a hora, deixou a Judeia rica de orgulho e pobre de fé, demandando as áridas regiões da Pereia, onde ainda pairavam as últimas modulações de *Iokanaan*.

A fortaleza escura de Maqueronte, à borda do deserto, assinalava na distância o marco limítrofe do poder de César, e além eram a Natureza em tons fortes, o solo adusto, desnudo, com as montanhas em pétreo pano de fundo...

No entanto, pelo caminho, a cantilena da mensagem balsamizava os deserdados do mundo, candidatos à vida nova.

Homens e mulheres renovados, modificadas as conjunturas das mazelas de que padeciam, bendiziam-Lhe o nome e louvavam-nO, reconhecidos. Reconhecimento e gratidão, aliás, que seriam de breve duração...

Todavia, na doce e cálida Betânia, nos cerros acima, a poucos quilômetros de Jerusalém, Lázaro enfermara...[14]

Provavelmente era janeiro do ano 30, e a vida messiânica do Rabi marchava para o término...

Um mensageiro dedicado, em nome das irmãs aflitas, deixou a pequenina casa branca entre rosais e demandou as terras distantes, onde o Rabi se fazia o hífen de esperança entre o mundo das dores e as mansões de felicidade.

Após a fatigante jornada, a notícia foi dada com pormenores.

O Mestre, todavia, sempre solícito, pareceu não dar maior importância à preocupação dos amigos queridos, em cujo lar sempre desfrutara de calorosa e terna hospitalidade.

Várias vezes ali estivera e naquele recinto de enobrecimento espalhara o pólen da Boa-nova.

Demorou-se, todavia, na região, por mais dois dias, sem dar mostras de interesse ou zelo pelo amigo, em enfermidade ultriz.

Quando os discípulos já não esperavam qualquer resolução ou informe ao mensageiro, Ele resolveu partir...

Há exclamações e receios nos discípulos.

"A Judeia ameaçara lapidá-lO há pouco, e agora pretende desafiar a força do poder farisaico, volvendo lá e aparecendo na Betânia, um quase arrabalde de Jerusalém?" – pensam os amigos.

"Como retornar àqueles lugares malsinados, onde sofrera injunções humilhantes?"

14. João, 11:1 a 46 (nota da autora espiritual).

Ele, porém, pulcro e sereno, acalma os amigos, referindo-se a Lázaro, que "dormia", aguardando Sua presença para que despertasse.

– *Se dorme, ficará bom, despertará* – redarguiram os amigos, incapazes de penetrar o sentido da palavra.

– *Lázaro morreu para o mundo, penetrou os umbrais da sombra e me espera. Folgo por tal ocorrência, de não me achar lá para que creiais: será para maior glória de Deus e para que aqueles que não creem passem a crer...*

Entreolham-se os aprendizes da magna Doutrina imortalista em delineamento e apresentação. Curiosos e afetivos, seguem-nO.

Quando o Mestre chega a Betânia, dirige-se para o túmulo de Lázaro, enquanto Marta, chorosa, vem saudá-lO:

– *Se aqui estivésseis, Senhor, meu irmão, que tanto vos amava, não teria morrido. Eu sei, no entanto, que o que pedirdes a Deus, Ele o concederá.*

– *Lázaro dorme, há de ressuscitar.*

– *Eu sei que ele há de ressuscitar no dia da ressurreição* – redarguiu a irmã, aflita.

O Mestre pede a presença de Maria, que se detém no lar, atendendo visitantes da capital que trouxeram condolências à família enlutada.

Em copioso pranto, seguida pelas pessoas gradas, esta abraça o Mestre e se lamenta.

A dor a embrulha nos tecidos da angústia e ela se veste de agonia. Arroja-se aos pés do Amigo e exclama:

– *Senhor, se tivésseis estado aqui, não teria morrido meu irmão!*

Ante a comoção geral, que decorre do quanto o homem simples e bom se fizera amar, Jesus chorou...

Os presentes estranham e murmuram:

– *Vede como o amava!*

O amor é como suave perfume que todos pressentem, embora quem o gera se acostume a essa essência divina.

No momento de expectativas e ansiedades, o Senhor pede que a pedra sepulcral de entrada seja removida.

Marta, exclama:

– *Há quatro dias inumado, cheira mal, já em decomposição.*

– *Não te disse que se creres verás a glória de Deus?*

O Senhor penetra-se da presença do Pai e exora ajuda.

Sua oração é um poema de exaltação, uma ode que se converte em súplica de humildade e confiança absoluta.

No silêncio que se faz espontâneo ante o espetáculo da tarde formosa, esta é a tela em branco onde Ele grafará a epopeia de eternidade.

– *Pai, graças te dou por me ouvires. Eu sabia que sempre me ouves, mas assim falei, por causa desta multidão que me cerca, a fim de creem que me enviaste.*

Há uma eloquente expectativa.

– *Lázaro!* – A voz timbra profunda e poderosa. – *Sai agora. Levanta e anda!*

O cataléptico despertou do letargo, movimentou-se e aproximou-se.

O estupor, as lágrimas de comoção e surpresa explodiram.

O *morto* acordava e, envolto pelo sudário, com as ataduras que lhe cingiam as antigas úlceras, desataviou-se e sorriu...

– *Eu sou a ressurreição e a vida* – dissera há pouco aos atônitos assistentes. – *Aquele que crê em mim, mesmo que esteja morto, viverá, e todo o que vive e crê em mim, jamais morrerá...*

Há os vivos no gozo, no poder, nas artes da aquisição da fortuna, dos interesses mesquinhos, que transitam nos sólios e tronos do mundo, no entanto, cadaverizados, mortos que respiram e jazem em trevas, sob as claridades do Mundo espiritual.

Existem os que mergulham no torpor mortal das enfermidades de longo porte, que se anestesiam e se amolentam, sem acordarem, para a saúde do Espírito imortal.

Movimentam-se mortos para o bem, muitos corifeus da negação e da perversidade.

Lázaro se encontrava na anestesia da morte aparente do corpo, vitimado pelo profundo sono da catalepsia...

E há os vivos que, embora sem o corpo, atuam e vivem no esplendor da consciência livre; os que se movimentam na Esfera espiritual em comunhão com a incessante beleza da Vida.

Transitam os vivos para as realizações nobilitantes que, inobstante o corpo, são livres, sem algemas nem amarras com o passado, perfeitamente comprometidos e conscientizados com os altos ideais do Mundo Verdadeiro.

Mortos-vivos em construção da vida e vivos-mortos na elaboração dos abismos em *sombra* onde tombarão.

Lázaro saía da morte aparente ao apelo de Jesus para a ação na vida temporária, prelúdio da vida sem sombra nem morte, que viria depois.

Em Betânia, entre os amigos, o Evangelho atestou a excelência do amor, e o amor ressuscitou da noite a madrugada...

Lázaro vem d'Aquele que dá a vida, mas também que é o Senhor da morte...

Os presentes exultaram... Todavia, alguns acorreram precípites a Jerusalém e deram conta aos jactanciosos defuntos ornados das prerrogativas mentirosas da Terra, em intriga contra Aquele que, somente quando "erguido um dia, atrairia todos a Ele", por fim.

16
Cingindo-se, lavou os pés

Os cirros borrascosos já se acumulavam, sombrios... A odiosa agitação política e a perseguição gratuita da inveja armavam de ódio os partícipes da tragédia que logo mais culminaria no irremediável acumpliciamento que teria seu atro desfecho no Gólgota...

O Mestre se encontrava em Jerusalém.

Demoravam-se na sensibilidade da Sua alma, em notas de tristeza, as vibrações da algaravia desconcertante e os gritos entusiastas da multidão que O saudara dias antes...

Todavia, não obstante o rebuliço injustificável, após as emoções desordenadas que transitam dos altiplanos às baixadas dos sentimentos, aqueles mesmos ovacionadores foram sendo consumidos pelos tóxicos daninhos da trivialidade e das questiúnculas frívolas, que abriram as brechas para o crime porvindouro e a anarquia.

César, em Roma, fora assassinado a soldo da insensatez e sob o acumpliciamento do Senado.

Jesus seria crucificado após a infame traição de um amigo sob a inspiração do Sinédrio.

Aqueles eram os dias preparatórios da Páscoa, os dos primeiros pães asmos...

O símbolo do cordeiro pascal era e continua sendo de grande significação para Israel. Evocava as horas amargas que precederam a saída do Egito, da escravidão, quando Moisés rogou ao Senhor a liberdade total do povo, e as circunstâncias faraônicas dominantes se recusaram a concedê-la...

Das festas israelitas, a evocação da partida e os momentos ásperos que precedem a libertação, feitos de amarguras e expectativas, são de elevada significação.

Jamais o olvidarão. Por todos os tempos recordarão a larga messe e a sublime dádiva...

Aquele mês de *nissan* seria especial, aquela seria uma páscoa excepcional, a última que Jesus realizaria, preparando a união porvindoura e definitiva, que somente ocorreria nos dias da Imortalidade, nos limites longínquos além das balizas da vida física, no Reino de Deus...

Narram os escritores da Boa-nova[15] que os discípulos se acercaram e perguntaram-Lhe como e onde celebrariam a Páscoa, ao que Jesus, destacando Pedro e João, respondeu, afetuoso:

– *Ao entrardes na cidade, encontrareis um homem trazendo um cântaro de água; segui-o até a casa em que ele entrar e dizei ao dono da casa: o Mestre manda perguntar-vos: onde é o aposento em que há de comer a Páscoa com os seus discípulos? Ele vos mostrará um espaçoso cenáculo mobiliado; ali fazei os preparativos.*

Não seria fácil de identificar uma mulher a carregar água, tarefa, naquele tempo, eminentemente feminina. Um homem, todavia, despertaria atenção, conforme ocorreu.

Seguindo o estranho, consoante a determinação, adentraram-se pela ampla e confortável vivenda, narran-

15. Mateus, 26:17 a 30; Marcos, 14:12 a 31; Lucas, 22:7 a 30; e João, 13: 1 a 35 (nota da autora espiritual).

do com espontaneidade ao seu proprietário o de que se encontravam incumbidos.

Indubitavelmente, aquele homem era um dos muitos discretos amigos do Mestre, que os havia em quantidade, embora receassem confessá-lo publicamente.

Recebendo a honrosa solicitação, encheu-se de alegria como se se repletasse de indizível, intraduzível felicidade.

Seria o maior dia da sua vida, a luz inundaria sua casa, jamais se apagando.

Ele e os doze, acompanhados pela Mãe Santíssima, que se encontrava também em Jerusalém, deram início, ao cair da tarde, à cerimônia que transcorria entre sorrisos e expectativas de crescente felicidade.

A festividade tradicional se fazia complexa, ritualística.

Dever-se-ia partir o pão ázimo e embebê-lo em líquido igualmente amargo antes de comê-lo.

Evocavam-se as dores transatas que permaneciam vivas no orgulho nacional. Todas as libações eram previstas, acompanhadas de cantos e exclamações especiais. Desde a preparação do cordeiro, que não deveria ter osso algum quebrado e seria cozido em fogo vivo, preso numa vara de romãzeira; as libações, que se constituíam de dois terços de água para um de vinho; o número de vezes em que se sorveriam as taças; palavras e canções estavam estabelecidas na Torá, e o Talmude nos dá notícias.

Jesus, que estava situado acima dos aparatos e ritos humanos para que se cumprissem os dispositivos legais e proféticos, permitia-se submeter a tais determinações, porque "não viera para destruir a Lei"...

A alegria se generaliza enquanto a noite tomba sem maior preâmbulo, salpicada de cristais luminosos no alto, em engastes de prata.

O Mestre, que por várias vezes anunciara a paixão e acabara de dar as últimas instruções, desvestiu a indumentária larga e, cingindo-se de uma toalha, tomou de uma bacia com água, acercou-se dos companheiros e começou a lavar-lhes os pés e a enxugá-los com o tecido com que se atava.

A suprema humildade em excelsa lição de amor seria a expressão final da renúncia de si mesmo.

Não se davam conta os amigos daquele ensinamento ímpar.

Chegando a Simão Pedro, perguntou-lhe este:

– *Senhor, tu a mim me lavas os pés?*

Respondeu-lhe Jesus:

– *O que eu faço, tu não o sabes agora, mas entendê-lo-ás mais tarde.*

Disse-lhe Pedro: *Não me lavarás os pés jamais.*

Replicou-lhe Jesus: *Se eu não te lavar, não terás parte comigo.*

Há um momento de profundo silêncio cheio de expectação. O discípulo desperta e exclama com emoção incontida:

– *Senhor, não somente os meus pés, mas também as mãos, a cabeça.*

As lágrimas saltam-lhe dos olhos e ele estua de desconhecida felicidade, sem se aperceber dos momentos que logo advirão.

A inesquecível mensagem do ato singular e único ergue os companheiros ao clímax da ternura, e quando o Rabi volve à mesa, ei-los que, já esquecidos da magnitude do feito, se põem a disputar a primazia de quem, dentre eles, é o mais amado, anelando por estar mais próximo, mais junto ao seu coração...

Perpassa a tristeza pela face afável do Mestre, que não pode sopitar as advertências. São as últimas instruções: a hora chega...

– *Qual é o maior: quem está à mesa ou quem serve? Mas eu estou no meio de vós como quem serve.*

O que entre vós desejar ser o maior faça-se o menor, o servo de todos, e aquele que manda seja como o que serve.

Ele fizera isso há pouco: servira-os na condição de humilde fâmulo, dedicado e silencioso.

O repasto, todavia, prossegue. As lâmpadas de cor e luminosidade avermelhada contrastam com o azul-escuro da noite coruscante, agora em exuberância de luar.

Recitam-se os salmos, conforme a tradição.

– *Compreendeis o que vos tenho feito?* – interroga-os com dúlcida e dorida voz.

– *Vós me chamais de Mestre e Senhor, e dizeis bem, porque eu o sou. Se eu, pois, sendo Senhor e Mestre, lavei-vos os pés, também vós vos deveis lavar os pés uns dos outros, porque vos dei exemplo, a fim de que, como eu fiz, assim façais vós, também.*

Sutis aragens penetram o cenáculo. Invisível coral canta uma sublime rapsódia. A sala amplia as suas dimensões ao infinito. Num solo dantes jamais ouvido, Jesus eleva a voz e define:

– *Em verdade, em verdade vos digo que o servo não é maior do que o seu senhor, nem o enviado maior do que aquele que o enviou. Se sabeis estas coisas, bem-aventurados sois se as praticardes.*

Os tons da musicalidade caem, morrem. Faz-se um demorado silêncio.

Novamente Ele exclama, adverte e sofre. É uma patética.

– *Não falo de todos vós* – explica, triste. – *Eu conheço aqueles que escolhi, mas para que se cumpra a Escritura, aquele que come o meu pão levantou contra mim o seu calcanhar. Desde já vo-lo digo, antes que suceda, para que, ao suceder, vós creiais que eu sou.*

A perplexidade se estampa em todos os semblantes.

– *"De que falará o Senhor? Quem entre eles se atreveria?"* – indagam, mudos, ao cérebro e ao coração.

– *Em verdade, em verdade, vos digo* – prossegue em música de balada. – *Quem recebe aquele que eu enviar, a mim me recebe. Quem me recebe a mim, recebe Aquele que me enviou... Um de vós me há de trair!...*

Alguém, tocado na sensibilidade e surpresa, pergunta:

– *Como conhecê-lo?*

João, que apoia a cabeça no seu tórax, reinquire com doçura, a meia-voz.

– *É aquele a quem eu der o pedaço de pão molhado.*

A lenda e os hábitos ancestrais fizeram que, em Israel, se expressassem, à mesa, afeição ou desrespeito, consideração ou indiferença.

Como e a quem servir, expressam a posição em que é tido o comensal.

Nesse momento, o filho de Simão Iscariotes, afoito, tomou a côdea de pão das mãos de Jesus.

– *O que fazes, faze-o depressa* – alude o Cordeiro de Deus.

Ninguém, todavia, percebe.

Os momentos máximos da vida não raro passam despercebidos.

O atormentado filho da agonia, sem poder compreender a grandeza e o alcance profundo do instante, segue...

A ceia continua, ritmicamente, os corações se entremostram, a psicosfera se modifica, o ar da noite balsamiza as expectativas.

O Senhor se dilata em carinho e, partindo o pão, exclama:

– *Tomai, este é o meu corpo...*

Há um infinito de tempo, naquele rápido tempo. Ouve-se a melodia do silêncio, e a canção da saudade agora modula as primeiras notas nos ouvidos dos companheiros que, então, Lhe percebem a palidez da face, a tristeza infinita.

Tomando o cálice, rende graças, dá-o a todos a beberem e elucida:

– *Este é o meu sangue, o sangue da aliança que é derramado por muitos... Nunca mais beberei do fruto da videira, até aquele dia em que hei de beber de novo no Reino de Deus.*

Abençoa o momento de alta majestade.

Eles, sem o desejarem, canhestros, revivem pela mente os instantes inapagáveis da Galileia longínqua na distância e próxima na memória... Aquele entardecer de fogo e de beleza servia de moldura para o Pastor chamar, atender e reunir as ovelhas.

Os olhos estão pejados de lágrimas, túmidos os peitos de ansiedade e inquietação.

– *Fazei isto em memória de mim.*

O canto está culminando. Os últimos acordes da sinfonia que chega ao *grande final* estrugem em sons elevados...

Levantaram-se e seguiram para o Getsêmani...

~

Nunca deverão esquecer a fraternidade, a união, o entendimento.

Tudo que houvesse fora das paredes daquele cenáculo que jamais os separasse, antes lhes ofertando forças para o prosseguimento.

É certo que Judas não participara da união final, não ouvira as recomendações últimas.

A precipitação arrancara-o para o desespero, para a longa estrada de intérminas e futuras aflições...

Na ampulheta dos tempos, a refeição pascal, sem atavios nem ritualísticas, seria um traço de união entre as criaturas que se amassem à luz do Cristo – todas as criaturas...

Viriam as aflições, as perseguições infamantes, as provações irrecusáveis e cruentas, chamando-os aos sublimes testemunhos de amor. A comunhão pascal, a divisão do pão significariam doação dos bens pessoais a favor de todos, a distribuição dos excessos para as alegrias gerais e a contribuição de amor para amenizar as dores dos corações sofridos em memória de Jesus.

A Páscoa é evocação de liberdade.

O cordeiro simboliza a submissão e a renúncia impregnando os corações.

Cingindo-se de uma toalha, Ele lavou os pés dos discípulos a fim de que eles algo *tivessem a ver* com Ele...

A toalha da cooperação e a água da caridade em que se fundem e se limpam todas as sujidades da alma, e as mãos do amor em união renovadora.

O cenáculo se erguia em larga vivenda na cidade alta, perto de Tiropéon, donde se via a torre Antônia, vigilante, a observar a cidade com luzes bruxuleantes, naquela noite especial.

A arquitetura irregular do templo e a muralha abaixo, em largas pedras negras acinzentadas, clareadas pelo plenilúnio, são a paisagem da inesquecível noite.

Era abril, quinta-feira, 13 ou 14,[16] pouco importa a exatidão da data, quando se realizou a *comunhão pascal.*

"Fazei isto em memória de mim."

A Natureza se alonga num hausto de eternidade.

Na treva das sinuosidades humanas há conspiração.

Dentro em pouco, entre os ciprestes do Getsêmani, há o sono dos discípulos invigilantes, o beijo da traição, o arremedo de defesa desnecessária, a prisão, os passos para o julgamento arbitrário, a morte... e a glória da ressurreição!

Tomando de uma toalha, cingiu-se, e, lavando os pés dos discípulos, ergueu-se à glória solar.

---

16. Segundo anotações extraídas do Evangelho de João e pesquisas especializadas, concluiu-se que as datas reais são 5 e 6 de abril, respectivamente, para a Ceia e a Crucificação (nota da autora espiritual).

17
Simão, o Cireneu

Nenhuma voz que se erguesse para defendê-lO. Pessoa alguma que se resolvesse falar a Seu favor. Todos os verbos estavam calados, e o silêncio era a resposta da frágil gratidão humana Àquele que não titubeava em entregar-se num holocausto de amor.

Tudo se realizava como se fosse uma patética entoando as tristes notas de uma mensagem fúnebre.

O medo aparvalhava os amigos, e a palidez da cobardia moral cobria os rostos dos beneficiados, a distância, com a mortalha da injustificação.

Não obstante as arbitrariedades da Lei, Israel mantinha no seu Estatuto que qualquer pessoa podia levantar a voz a favor de um condenado. Isso bastaria para revisar o processo, concedendo outra oportunidade ao réu, embora já estivesse julgado...

Com Ele a ocorrência se fazia diferente.

Cinco dias apenas eram transcorridos do sucesso que obtivera na cidade regurgitante que O exaltara, dizendo-O o Messias, o Esperado! Naquela ocasião, todos comentavam publicamente os Seus feitos, enquanto ofereciam tóxico para que os ódios fermentassem, culminando na tragédia que ora se consumava.

Curtos são os sentimentos da gratidão humana, e breve o caminho dos que dizem amar...

Ele não enganara ninguém, porquanto sempre se reportava a um *Reino que não era deste mundo.*

Apesar disso, esparzira a ternura e a misericórdia como um Sol generoso, aquecendo o pantanal e o transformando em campo fértil.

Agora se encontrava só... A sós, com Deus, como, aliás, sempre estivera.

Tantos se haviam beneficiado, inobstante permaneciam silentes, distantes...

A estranha procissão percorreu distância inferior a quinhentos metros, atravessou a porta Judiciária, e a silhueta do monte sombrio se desenhou entre o fulgor do dia em plenitude e o fundo azul abrasado da Natureza...

Abril já é período de seca, de calor, de Sol intenso...

A terra se torna de cor ocre, morrem as anêmonas e os tons de chumbo substituem o verdor que embeleza.

Àquela hora, mais ou menos às onze, a atmosfera carregada alcançava índices de cansaço que desagradavam, abafados...

De semblantes sinistros, com varapaus, os membros da peregrinação torturam o Justo, agridem-nO com acrimônia, mordacidade e zombaria.

Sempre se fará assim com aqueles que se elevam acima da craveira da banalidade, com os que se erguem nas grimpas dos ideais de enobrecimento da Humanidade.

Ele viera para isto, para ensinar cada homem a carregar sua cruz conforme o fazia, sem queixas nem murmurações.

ꕥ

Cirenaica, o antigo reino, fora colonizada pelos gregos, que fundaram Cirene. Posteriormente, sob a dinastia que tivera origem com Bato, de Tera, progrediu, nascendo outras cidades. Depois da desencarnação de Alexandre, o Grande, caiu nas mãos dos Ptolomeus que passaram a chamá-la de Pentápolis, em razão das cinco cidades que a formavam: Arsínoe, Berenice, Ptolomaide, Apolônia e Cirene. No ano 67 a.C., passou à província romana. São de Cirene: Arístipo, Calímaco, Eratóstenes...

Cirene, sua capital, passaria à narração evangélica graças a Simão, ali nascido, judeu de família grega que se encontrava acompanhando a sinistra procissão pelas vias estreitas de Jerusalém naquele dia.

Aquele homem de olhar triste fascinou-o.

A pesada cruz, com quase setenta quilos, a dilacerar os ombros e as mãos do condenado, que cambaleia, comove-o.

A noite de vigília demorada, as viagens entre Anás e Caifás, o pretório exauriram o Filho de Deus.

O centurião fustigava o preso, a fim de que não desfalecesse. A penalidade deveria ser cumprida.

Enfurecido, experimenta o soldado um misto de piedade e dever, ferido pelo amor do prisioneiro pacífico e escravo, serviçal pela paixão a César. No tormento que o vence, deseja diminuir a carga que ameaça esmagá-lO. Perpassa olhar injetado pelas filas de mudos espectadores e chama o homem de Cirene.

O convocado não reage. Parece até que se rejubila interiormente.

Submisso, curva-se, oferece o ombro e auxilia o estranho.

A cruz se ergue mais leve. Jesus dirige-lhe um olhar de profundo amor.

Lampeja um lucilar de ternura e de gratidão que penetra o benfeitor inesperado e fá-lo tremer de emoção desconhecida...

Pai de dois jovens, Rufo e Alexandre, pensa nos filhos e apiada-se dos pais do condenado, umedecendo os olhos.

Estranha voz balbucia no seu *coração* uma cantilena de esperança... Tem a impressão de que o Homem lhe devassa o pensamento e responde às inquirições que lhe brotam n'alma, espontâneas.

As lágrimas se misturam ao suor que molha o rosto queimado, coberto de pó. Viera do campo, sendo surpreendido pela alucinação da intolerância e do ódio.

Claro que ouvira falar de Jesus. Conhecia-O, admirava--O a distância. Agora, porém, O amava.

O amor é um sentimento veloz. Toma do coração e reina absoluto.

"Dar-lhe-ia a vida se fosse necessário" – pensou.

Nesse momento, a comitiva torva chegava ao topo do monte.

O crime deveria ser consumado antes do cair do dia, quando se iniciava o sábado, reservado ao repouso, ao esconder-se o Sol...

Viu-O ser preso ao madeiro.

A patética do martelo nos pregos repercutiria nos seus ouvidos por muito tempo...

O som metálico e as contrações musculares do Submisso dilaceraram-no também. Os semblantes suarentos dos crucificadores e os olhares de lince, a agonia e o sangue a fluir abundante eram a moldura vergonhosa que contrastava com a nobre serenidade d'Ele.

Quando as cordas O arrastaram nas traves, Ele oscilou no ar. O corpo arriou, rasgado. A linha vertical tombou no fundo da grota calcada por pedras que a impediam de cair. Culminava a injustiça criminosa dos homens que se arrastariam por milênios futuros, tentando repará-la.

Permitiu-se ficar a contemplá-lO...

Percebeu as mulheres que choravam e participou, intimamente, daquela dor honesta e corajosa.

Era, sim, o estoicismo feminino que se Lhe fazia solidário, quando todos O abandonaram...

Quedou-se ali, petrificado, a meditar até o Seu último hausto.

Jamais O esqueceria.

Volveu ao lar e penetrou-se do Espírito de Jesus.

Buscou mais tarde os Seus discípulos, ouviu-lhes as narrativas tardias e luminosas, passando a segui-los e fazendo que seus filhos se convertessem àquele incomparável amor...

Simão, o Cireneu, é o testemunho da solidariedade que o mundo nos solicita até hoje.

Símbolo e ação de bondade, imortaliza-se e liberta-se da timidez, da escravidão a que se jugula, crescendo no rumo do Infinito.

Quinhentos metros eram a distância a percorrer entre o local do julgamento arbitrário e o acume do monte da Caveira...

Em curta distância, a impiedade e a zombaria são grandes. Também o testemunho da solidariedade fraternal fez-se enorme.

Todos encontraremos pelo caminho da aflição os cireneus em nome e honra de Jesus. A nosso turno, devemos tornar-nos novos homens de Cirene e ajudar os que passam sobrecarregados, aguardando, esperando socorro.

18

O Calvário e a obsessão

Ele viera para "que os que não criam cressem" e, para tanto, deveria doar a vida num supremo sacrifício. Sabia que os homens, sanguissedentos, diante do Seu holocausto, passariam a encarar melhor a excelência do amor, entregando-se, posteriormente, em imitação ao seu gesto.

Para uma tão grandiosa oferenda, porém, conjugaram-se as forças díspares em luta no coração das criaturas.

Claro que não se fariam necessárias as acusações indébitas, a fuga dos amigos, a traição... Aos contumazes perseguidores da verdade não faltariam argumentos e manobras hábeis com que colimariam as suas metas nefárias.

Ele sabia que aquela seria a derradeira jornada a Jerusalém...

Ante a algaravia com que O saudaram à entrada, não entremostrou qualquer júbilo. Enquanto os amigos encaravam os aplausos como sinal evidente de triunfo, n'Ele ressoavam quais prenúncios das grandes dores...

A ternura e a passividade de que dava mostras durante aqueles dias inquietavam os mais afoitos, os discípulos mais invigilantes, os que anelavam pela glória terrena, não obstante as incessantes demonstrações e provas de que não estabeleceria no mundo as balizas do Reino de Deus, tampouco a felicidade real...

A precipitação armou Judas de ansiedade, interiormente visitado pela indução hipnótica de Entidades perversas que lhe aproveitaram o desalinho da emoção, interessadas em desnaturar a mensagem e anular a força do amor pacificante.

As mesmas mentes desarticuladas pelo ódio, contrapondo-se ao "Reino do Cordeiro", ante os receios gerais, perturbaram Pedro logo após a prisão do Amigo, fazendo-o pusilânime, em face da negação que se permitiu repetidas vezes...

As mesmas forças da injunção criminosa em aguerrido combate reuniram-se, açodadas pela inveja e despeito, desde o domingo do triunfo aparente, à entrada em Jerusalém, a fim de converterem o Enviado de Deus no Excelso Crucificado...

Os ódios, confraternizando com os ciúmes, espalharam injúrias que eram glosadas pela ingratidão de muitos que Lhe foram comensais da ternura e receberam de Suas mãos o pábulo da vida estuante.

Fervilhando as constrições obsidentes que se impunham, os adversários da liberdade espiritual da Terra, em desgoverno no Mundo espiritual, dominaram os que se não armaram de vigilância e equilíbrio, tornando-se fáceis presas do anticristo, a fim de que a tragédia do Gólgota se consumasse...

Jesus, porém, houvera asseverado: *"Quando eu for erguido, atrairei todos a mim"*.

Nenhuma surpresa, portanto, no Senhor diante dos contornos volumosos da hecatombe que tomava forma contra Ele.

Em expressiva serenidade, esperou o eclodir apaixonado da força violenta dos fracos.

A noite fria e angustiante, antes da prisão, não Lhe abatera o ânimo. Içara-O a Deus através da oração e dulcificara-O, fazendo-O atingir a plenitude da autodoação...

~

As hordas desenfreadas da Espiritualidade inferior galvanizam no ódio os que se permitem as licenças das paixões dissolventes.

Sempre se repetirão aquelas cenas nos linchamentos das ruas, nas prisões arbitrárias, nas injustiças tornadas legais, quando as massas afluem aos espetáculos hediondos e se asselvajam, tornando-se homicidas incomparáveis...

Como podiam aquelas gentes desconhecer a brandura do Pastor Divino, esquecer Suas concessões e "prodígios"?

Como puderam selar os lábios aqueles beneficiários da Sua misericórdia e complacência, ante a arbitrariedade dos crimes que presenciavam?

A covardia moral, abrindo as faculdades psíquicas ao intercâmbio com os Espíritos imperfeitos e obsessores, todo o bem recebido negou, a fim de poupar-se. Transformou o inocente em algoz, em revolucionário desnaturado e elegeu o crime como elemento de justiça.

O grande espetáculo da loucura coletiva se aproxima do Calvário.

A obsessão coletiva, como tóxico morbífico, domina os participantes da inominável atuação infeliz.

Ele não se defende, não reclama, nada pede.

Submete-se e confia em Deus.

~

As aragens da Natureza, de raro em raro na tarde abafada, saturam-se das vibrações do desespero e do ódio que assomam e dominam os corações, entenebrecendo as mentes e explodindo no ar.

Sempre os homens exigirão uma vítima para a sanha dos seus tormentos.

Jesus é o exemplo máximo, o ideal para a consunção do desar que vencerá os séculos como a mais horrenda explosão coletiva que passará à História.

No bárbaro espetáculo, os pretensos dominadores da Erraticidade inferior creem-se vitoriosos... supõem estabelecidos os parâmetros dos seus domínios no mundo.

No entanto, quando o clímax da tarde de horror atemoriza as testemunhas da tragédia, Ele relanceia o olhar dorido e lobriga apenas João, Sua mãe e as poucas mulheres abnegadas ao pé da Cruz, fiéis, macerados e intimoratos, confiando...

É o bálsamo da alegria que lene as imensas exulcerações que O dilaceram.

Nem todos desertaram. A fúria possessiva da treva não alcançara os que tiveram acesa a luz da abnegação e do amor.

Olhou além e mais profundamente os presentes e os que se refugiaram longe deles, os que armaram as cenas, os que se locupletam em gozos mentirosos sobre a fugidiça vitória. Seu olhar penetrou os promotores reais do testemunho, aqueles que transitavam livres das roupagens físicas...

No ápice da dor arquejante, bradou Jesus:

– Perdoa-os, meu Pai! Eles não sabem o que fazem.

A sinfonia patética logrou, então, o máximo. Toda a orquestração de dor converteu-se em musicalidade de esperança e amor.

Ele não perdoava apenas os crucificadores, mas também os desertores, os negadores, os receosos e pusilânimes, os ingratos e maledicentes, os insensatos e rebeldes... Na imensa gama dos acolhidos pelo Seu perdão, alcançava os promotores desencarnados dos mil males que engendraram nos homens a prova das suas mazelas e o agravamento das suas penas...

Sua voz alcançou os penetrais do Infinito e lucilou nos báratros das consciências inditosas dos anticristos de todos os tempos, abrindo-lhes os braços da oportunidade ao recomeço e à redenção.

A conspiração para que se consumasse o holocausto do Calvário, em que o Filho de Deus testemunhou Seu amor pelos homens, foi tramada pelos inimigos impenitentes desencarnados, vencidos pelo despeito na luta pela vitória da violência com que sintonizaram os transitórios donatários da posição governamental e religiosa da Terra, como daqueles que se lhe entregaram a soldo.

O perdão doado da culminância da Cruz é a aliança inquebrável da união do Seu amor com todos nós, os caminhantes retardatários da via da evolução, convocando-nos à perene vigilância contra a obsessão de qualquer natureza que nos sitia e persegue implacavelmente...

19
Jerusalém, Jerusalém!

Havia júbilos explodindo no ar.

A jornada fora preparada desde antes. O verão dourava Jerusalém, e o zimbório do templo refletia a distância a claridade álacre que denotava o zelo e a técnica arquitetônica dos construtores contratados por Salomão, para quando fora erigido o santuário, orgulho da raça judia.

Portas de cedro com adornos de prata e ouro, colunas de pórfiro e mármore preciosos, pedras trazidas de longes terras adornavam as largas naves, os corredores, os acessos duplos e embelezavam os diversos átrios, multiplicados na cidadela religiosa, onde encontravam guarida os vários fiéis e viajantes pertencentes às diversas atividades do quotidiano.

O altar, atrás da pesada cortina de veludo – uma única peça – que ocultava a arca da aliança e os papiros sagrados, era o local privilegiado, apenas para os sacerdotes e príncipes do Sinédrio que o podiam ultrapassar...

Ao entardecer daquela terça-feira de ardente *nissan*, o Mestre o os discípulos saíram do imenso e opulento santuário, quando os inocentes amigos, deslumbrados pela grandeza das pedras, linhas e a riqueza sobre a qual se erigia, disseram, emocionados:

– *Vede, Senhor, que templo, que pedras, que edifícios!*[17]

Havia alegria, maldisfarçada em orgulho vão, com que a humildade se esmagava ante as exterioridades mundanas.

– *Em verdade* – respondeu dúlcido e melancólico, Jesus –, *em verdade vos digo que não ficará pedra sobre pedra que não seja derribada!*

Os companheiros entremostraram-se estremunhados e se entristeceram sem compreender.

"Afinal, o templo é a Casa do Senhor, o Santuário e o altar da fé, o núcleo matriz da vida comunitária de Israel – pensam, deprimidos – *por que tão terrível vaticínio?"*

Afligem-se, mas silenciam.

O ar apresenta-se abafado àquela hora da tarde, e o mormaço desagrada.

Dirigindo-se ao Monte das Oliveiras, Pedro, João, André e Tiago, não podendo sopitar a angústia e a curiosidade, aproximam-se do Amigo e inquirem:

– *Senhor, dizei-nos quando se darão estas lamentáveis ocorrências e quais os sinais que as anunciarão, a fim de que estejamos vigilantes, e não sejamos surpreendidos pela desgraça.*

O Senhor projeta-se na direção do futuro...

A presciência do Divino Amigo!

Vencendo os limites tempo-espaço, Ele tem a visão dos atormentadores dias que o homem viverá.

A orgulhosa Jerusalém passa pela sua visão precognitiva sob o peso esmagador das legiões do filho de Vespasiano e acompanha a grande, a terrível destruição do ano 70...

O orgulho pernicioso e venal da presunção humana é o seu próprio garrote vil e a impossibilidade de facultar-

17. Marcos, 13:1 a 31; Mateus, 24:1 a 51; Lucas, 21:5 a 33 (nota da autora espiritual).

-lhe o ar mantenedor da vida. O bafio pestilento que esparge asfixia os que o fomentam desde o início.

Uma profunda tristeza macera a face do Senhor e, porque estivesse a ver as amarguras e dores sem-nome do futuro, acompanha, ainda, mentalmente o crescimento da tecnologia sem alma, da Ciência sem Deus, das religiões desfiguradas pela ausência do amor e das filosofias esdrúxulas, quando estarão irrompendo as calamidades porvindouras...

Não se trata de um fatalismo histórico, antes de um determinismo que defluirá da invigilância e do despautério no uso do livre-arbítrio de homens e nações, que fomentariam as terríveis hecatombes...

Vê os artefatos bélicos de alto poder destrutivo, as cidades arrasadas, os povos esmagados, o cativeiro de bilhões de criaturas que transitam algemadas às paixões dissolventes, ardendo em febres de desespero incoercível e devastador...

As sombras se adensam em relação ao porvir, e o clamor de vozes sobe ao Céu...

Nesse momento, as expressões estrelares, *as virtudes que estão nos Céus*, caem como lâmpadas mágicas sobre a indescritível escuridão, apontando esperanças, enquanto trombetas de luz convocam à Era Nova...

Jesus abre, então, a boca e dá início ao comovedor e profundo Sermão Profético.

A Balada da Montanha – hífen de bênçãos entre os homens e Deus – cede lugar às premonições terríveis, abismos de sombra em que a invigilância arrojaria aqueles que não ouvissem ou não quisessem seguir o primeiro que foi enunciado...

A catástrofe prevista agora resultaria da desatenção ao apelo comovente e terno de antes...

– Que ninguém vos engane!... Ficai vigilantes, a fim de que não sejais surpreendidos. O dia e a hora ninguém sabe, só o Pai, nem o Filho...

Estavam lançadas as linhas terrificantes das duras e trágicas aflições futuras.

– Não passará esta geração sem que as minhas palavras se cumpram. Antes passarão os céus e a terra, não as minhas palavras...

Os companheiros se aconchegam e fitam o Rabi transfigurado, compreendendo a magnitude do momento, as graves responsabilidades que competiam a todos.

– Quem estiver nos montes não volte à cidade e quem se encontrar nos telhados não desça – não haverá tempo.

Novamente os olhos se abrem desmesuradamente, e um frio de pavor percorre os homens simples, longe de entenderem os anúncios e os prognósticos sombrios...

– Muitos virão em meu nome e vos iludirão. Que ninguém se deixe enganar! Quando disserem que o Cristo está aqui ou ali, não vades!

– *Senhor* – interrompem-nO, ansiosos –, *dizei-nos como será esse fim...*

– Ao ouvirdes de guerras os rumores, terremotos e tragédias, abominação onde não deve estar, eis que se anunciam os primeiros sinais, porém ainda não é tudo...

As mães que amamentarem lamentar-se-ão e verão a dor dos filhos na face estampada...

Irmãos entregarão seus familiares, sereis todos perseguidos em meu nome e levar-vos-ão aos tribunais se me amardes.

A grande tribulação se iniciará levando de roldão as mazelas e misérias humanas...

De Jerusalém não ficarão sequer pedras acumuladas...

O Sol se escurecerá ante as sombras que se levantarão da Terra, e a Lua se banhará de sangue...

Os homens simples choram angustiados ante as perspectivas sombrias.

O Cancioneiro prossegue, e a patética chora os sofrimentos que desabarão sobre o mundo...

Longo é o desfiar das dores.

– *Por fim, virá o Filho do Homem na Sua glória!...*

~

A noite tomba sobre o Monte das Oliveiras e um silêncio profundo invade as mentes em expectativas de dor.

No alto coruscam as estrelas e o vento leve perpassa pelo arvoredo.

Lá embaixo, Jerusalém pontilha lâmpadas vermelhas nos veladores, e as vozes do dia cedem lugar aos queixumes das trevas.

~

Jerusalém foi destruída por Tito, que a sitiou com um *vallum* de oito quilômetros de comprimento, coberto de bastiões, e impiedosamente crucificou os sobreviventes, golpeando as mulheres, quase todos matando de fome, no Sítio dos Cem Dias, rasgando o véu do templo e, derrubando pedra sobre pedra, fez cumprir a profecia...

Incêndios lavraram na cidade dos profetas, e a orfandade tomou lugar no coração do "povo eleito", que partiu sem rumo pelas quatro direções do planeta.

A louca ambição de João de Giscala em desafiar Roma, como fizeram os macabeus contra os gregos, falhou quarenta anos depois, noutro *nissan*, após Jesus.

Desde então, as guerras e os rumores de guerra, a abominação e a permissividade tomaram lugar entre os homens.

Tem havido crescimento horizontal da cultura, na Terra, e pouca ascensão na verticalidade da vida.

Pululam, em triunfo, os pigmeus morais em eloquente alucinação de poder, em detrimento dos gigantes que se apagam nos ministérios da renúncia, acendendo esperanças no mundo...

Multiplicam-se as sombras.

O poder desvairado confraterniza com o absolutismo em prejuízo da força dos direitos humanos.

A humildade segue esmagada, e o triunfo calça as velozes sandálias da ostentação hedionda e da criminalidade absurda.

...Hoje o mundo estertora!

Os clarões das deflagrações dos artefatos nucleares ocultam a claridade do Sol, e os que lhes sofrem o pesadelo não dispõem de tempo para vir ao lar ou fugir para os montes...

O homem que alunissa pensa, talvez, em utilizar o satélite cinzento para torná-lo base de foguetes, ponto de estratégia militar, banhando-o, quiçá um dia, com o sangue humano.

A presciência de Jesus!

Jerusalém! Claro está que não se restringia o apelo comovido de Jesus apenas àquela cidade, mas à Terra inteira, onde o orgulho espalhasse miasmas e tóxicos, onde o ódio urdisse crimes e guerras, as perversidades engendrassem alucinações e a sensualidade provocasse decadência...

Todavia, no meio das trevas dominadoras, as estrelas cairiam do céu com as virtudes de lá e iluminariam o mundo, arrancando-o para a madrugada de bênçãos porvindouras...

Não passou, ainda, a geração dos Espíritos que estavam naqueles dias do Sermão Profético...

Renasceram periodicamente e hoje se encontram entre os homens, aguardando, preparando outra ordem de valores...

Mudaram-se os mapas zodiacais, a Terra se modificou, conforme o anúncio, enquanto eles esperariam as dores a fim de iniciarem o mundo melhor...

Os Espíritos da Luz, em nome do Senhor, ora clarificam os momentos de sombras que descem, enquanto o Consolador sustém e conduz os ânimos.

– Jerusalém, Jerusalém, ai de ti que matas os profetas e lapidas aqueles que te são enviados! Que de vezes pretendi reunir os teus filhos, como a galinha recolhe os pintainhos sob as suas asas! Tu não quiseste!...

À lamentação dolorosa do Rabi nascem os cânticos de felicidade que já ecoam na Terra em transformação, dizendo:

– Volta, Senhor, já que a noite desce sobre nós, sê a claridade do mundo! Bendito seja Aquele que vem em nome do Senhor!

20

O ESTRANHO ENCONTRO

Aminadab, velho e opulento mercador, resolveu aposentar-se após a laboriosa existência. Cercando-se de comodidades, apresentou à alma um programa de fascinante felicidade para os últimos dias da vida.

Quando já desfrutava dos favores que a fortuna pode adquirir, ouviu peregrinos falarem de Jesus, que afirmava se encontrarem fechadas as portas dos Céus aos opulentos e gozadores...

Impressionado pela assertiva ousada do Homem Desconhecido e tocado no sentimento por outras anotações que coligira a respeito dos Seus discursos, o velho ambicioso resolveu partir em caravana faustosa ao encontro do estranho Messias.

Aproveitando a quadra risonha da primavera, empreendeu a viagem, acomodando-se em liteira ornada de sedas e ouro, à moda romana, ordenando aos servos que o conduzissem às margens frescas do Mar da Galileia, onde Ele costumava pregar.

Acompanhado por um cortejo de alegres amigos, passava as noites sob a luz coruscante das estrelas em barracas de cores álacres. Embora o júbilo da jornada, Aminadab sentia no coração, indefinível, desconhecido anseio de seguir o estranho Nazareno que lhe fascinava a alma cética e cansada, ao encontrá-lO, se fossem verdadeiros os fatos que Lhe exornavam o nome.

A viagem fazia-se longa e cansativa para quem vinha de além das bandas áridas da Pereia, vencendo caminhos abrasados, onde a miséria enxameava.

Poucos dias de marcha empós, em clara manhã, a jovial caravana parou junto ao antigo poço que atendia a sede de aldeia vizinha e misérrima. Ventos impiedosos, à véspera, obstruíram a generosa fonte, deixando aflitos e infelizes os beneficiários da sua linfa clara. Aminadab contemplou os semblantes marcados de dor em mulheres miseráveis e homens alquebrados ante a nascente perdida e, embora sentisse, num ímpeto desconhecido, veemente vontade de refazer o poço, lembrou-se da viagem encetada, continuando, indiferente, a jornada.

Adiante, quando já escutava o murmúrio do mar abraçando as praias pedregosas, crianças esfaimadas, qual bando de pardais, inspirando compaixão, cercaram a caravana, a suplicarem socorro...

O viajante experimentou novo impulso de generosidade ante os míseros meninos, desejando ofertar algumas migalhas das muitas reservas que carregava, no entanto, desculpou-se consigo mesmo, considerando não poder resolver o problema de todo mundo que passava necessidades, e avançou mais apressado, ordenando aos escravos que se afastassem de tais caminhos.

Já à orla do mar, em incendiado crepúsculo, enquanto procurava o Rabi miraculoso, Aminadab vislumbrou a certa distância um grupo entretido junto a velho barco encalhado na areia.

Acercou-se, ligeiro, dos homens, e indagou por Jesus.

A resposta fulminou as esperanças do mercador aposentado:

– Jesus partira para Jerusalém ao amanhecer daquele dia...

Fitando o rosto do interlocutor, Aminadab descobriu as pústulas da morfeia no semblante desfigurado do estranho. Não teve forças para correr. Todos os que ali estavam vinham tangidos da Síria pela dor em busca do abençoado Taumaturgo, e não O encontraram. Desejavam seguir até Jerusalém, todavia, sem dinheiro nem pão, discutiam os meios de como continuar a empresa.

Aminadab apiedou-se deles. Quando se dispunha a doar-lhes algumas moedas de ouro, lembrou-se de si mesmo e fugiu, qual alucinado pelo pavor, indo banhar-se e untar o corpo com óleos perfumados, a fim de liberar-se do contágio.

Demorou-se pela agradável região e depois seguiu com os áulicos e amigos a Jerusalém. Quando lá chegou, todavia, o Mestre houvera partido para o Reino...

Aminadab, desencantado, então, chorou.

Abandonou sozinho a cidade e, procurando as árvores vetustas, perto dos arredores, repousou o corpo fatigado. Profundo cismar empolgou-lhe a alma decepcionada.

Por que fora tão infeliz na excursão? – indagava-se intimamente.

Sem se aperceber, orou a Jeová, o Grande Deus, ralado na alma por dores torturantes. Descobriu que amava aquele Homem que fora sacrificado e de quem todos falavam com emoção.

Tão sincera foi-lhe a prece que, entre as sombras da noite plena, Aminadab viu um ponto luminoso modelando um homem que se aproximava do local onde descansava...

– *Que queres de mim?* – perguntou o visitante de vestes luminosas.

Aminadab levantou-se de salto e compreendeu estar diante do Filho do carpinteiro.

– *Contemplar-Te a face!* – respondeu apressado.

– *Não tenho tempo de parar, a fim de atender-te, amigo* – retrucou Jesus.

– *Mas, Senhor* – retornou o negociante que programara um roteiro de felicidade para a alma, na aposentadoria do corpo –, *abandonei o conforto do lar para vir conhecer-Te, suportando os perigos da longa viagem, ansioso por estar Contigo e não me podes deixar banhar o Espírito no oceano da Tua paz?*

– *Tenho seguido contigo, companheiro* – acentuou o Mestre com meiga entonação de voz.

– *Como não Te vi em parte alguma, Rabi?* – indagou ansioso e desolado, o hábil mercador.

Jesus sorriu triste e elucidou:

– *Quando a tua liteira se ergueu da terra e repousou no dorso dos escravos, eu te admoestei em colóquio contigo: por que deixar que os outros te carreguem, se tens pés sadios?*

Escutaste n'alma e silenciaste minha voz, com um encolher de ombros.

Junto ao poço vencido pelos ventos, a caminho da Galileia, estimulei o teu coração, sussurrando: – Levanta-te e ajuda-os, eles bendirão o teu nome.

Tinhas pressa de encontrar-te comigo e não quiseste parar.

Quando as crianças em sofrimento junto às praias do mar te rogaram pão, concitei-te ao socorro, todavia te enervaste com a algazarra da miséria infantil.

Por fim, quando te conduzi aos leprosos que também me buscavam, inspirando-te auxiliá-los a chegarem até mim, fugiste apavorado, negando-lhes ajuda. Sem embargo, desperdiçaste óleo e bálsamo para limpar-te de quaisquer impurezas... Aminadab!...

Depois de algum silêncio, Jesus, dispondo-se a seguir além, acentuou:

– *Se me amas, conforme supões, vem e segue-me. A dor espera por todos nós. Renuncia a tudo e, só então, eu te darei um tesouro no Céu...*

O Amigo em luz desapareceu entre as trevas em redor, porém, Aminadab, contristado, voltou a Jerusalém, reuniu os companheiros, retornou às suas terras e à comodidade transitória sem comentar o estranho encontro com quem quer que fosse.

21
O aprendiz sincero

Gamal Abdul Gamal morava nos arredores de Jerusalém e gozava dos privilégios conferidos por Herodes Antipas aos intermediários dos mercadores árabes, que, na época da Páscoa, abarrotavam o comércio equino da cidade com espécimes raros quão valiosos.

Abastado, construíra confortável vivenda nas terras férteis e verdes de Acra.

Embora odiado pelos judeus, por questões de pátria e religião, tinha acesso às altas rodas, com exceção, apenas, de determinados recintos do Templo.

Retraído por temperamento, Gamal, apesar das transações comerciais a que se dedicava, entregava-se com frequência a profundas meditações acerca dos problemas inquietantes da vida.

Não lhe passara despercebido o movimento reacionário da última Páscoa, que culminara na crucificação do *revolucionário* carpinteiro galileu que, segundo diziam, incomodava a segurança de César, na Palestina...

Não podia olvidar que o perseguido, no auge dos sofrimentos, oferecera um perdão espontâneo aos algozes, consoante afirmavam todos os que presenciaram o hediondo espetáculo. E admirava-se com aquele gesto heroico e sublime, por considerar-se incapaz de esquecer e desculpar os olhares de escárnio e as atitudes ríspidas com que os judeus o tratavam, em decorrência da sua ascendência ismaelita.

Certamente, conjeturava, aquele Profeta estranho, assassinado em circunstâncias tão graves, era um Enviado dos Céus, tal o receio que inspirara entre os sacerdotes orgulhosos. Seus ensinos, fundamentados num amor jamais conhecido antes, abalavam fortemente os alicerces da decadente prática moiseísta. E, além disso, a auréola que O acompanhava de há muito, como consolidador da felicidade nos corações, atestava-Lhe a procedência espiritual superior.

Por essas e outras razões que não saberia definir, sentiu-se incompreensivelmente ligado ao singular Rabi assassinado...

Quando teve ciência do Seu aparecimento, por diversas vezes – aos companheiros desanimados, inclusive numa formosa tarde, no Lago de Genesaré – desejou, fascinado por estranho fervor, participar daquele convívio, por um momento, embora, que fosse. Entretanto, com angústia interior, reconhecia a impossibilidade.

De princípio, receava o ódio contumaz que lhe votavam, bem como a todos os estrangeiros, os ortodoxos intransigentes e, depois, pelas inconveniências que possíveis incidentes desagradáveis iriam acarretar-lhe em tão incômoda viagem aos sítios ribeirinhos do lago.

Apesar de todos os empecilhos, continuou acalentando a esperança de encontrar aquele Mestre de quem muito se falava, aguardando ensejo próprio, à medida que as notícias da sua ressurreição empolgavam a cidade e os povoados...

De imaginação ardente e coração puro, vivendo com probidade, voltou-se à pesquisa daquela vida e, à medida que se inteirava das Suas realizações grandiosas, surpreendia-se amando o Desconhecido.

Posteriormente, não obstante continuasse na afanosa busca de notícias, foi informado de que o Mestre ascendera aos Céus, coroado por dourada nuvem, nos altos da Betânia.

Sem que pudesse explicar-se, naquela noite sentiu a alma mergulhar em profunda melancolia, deixando-se arrastar a copioso pranto.

Afastando-se dos aposentos habituais, recolheu-se à meditação entre os caramanchões de adornada pérgula, banhada pela prata do luar. Tinha sede de paz; desejava revestir-se de serenidade.

As horas avançavam lentas, e o alienígena, envolto pela noite, sofria por não haver renunciado a tudo para correr desesperado e entregar-se-Lhe de coração.

Enquanto meditava, emocionado, Gamal Abdul Gamal viu formar-se, como em sonho encantador, numa tênue claridade, o esboço delgado de um homem de beleza invulgar.

O rosto, tocado de expressiva bondade, apresentava sinais de evidente tristeza, suavizada pela tranquilidade dos olhos mansos. Antes que pudesse articular qualquer expressão, ouviu doce murmúrio de voz que lhe indagava:

– *Para que me queres, Gamal?*

– *Quem és, Senhor?* – inquiriu o ismaelita.

– *Jesus!* – respondeu o visitante em luz. – *O amigo a quem amas de longe.*

O filho das estepes ásperas e dos desertos desejou erguer-se para homenagear o amado visitante. No entanto, não pôde fazê-lo. Forte torpor tomou-lhe todo o corpo. Com a voz apagada na emoção, balbuciou:

– Senhor, eu creio que és Aquele de quem falam as tradições de todos os povos... Anseio tanto por Ti... Dize-me, o que é mais importante fazer na Terra, a fim de que eu possa encontrar a felicidade mais tarde no paraíso?

– *Amar!* – respondeu o doce Interlocutor. – *Amar de tal forma que se não distinga entre o adversário e o amigo, perdoando tanto que se não faça diferença entre o ofensor e o benfeitor.*

– *Será, Senhor, isso possível?* – indagou, esmagado, o candidato à fé.

– *Sim, Gamal...* – redarguiu, sereno. – *Não é demasiado. Foi o que eu fiz, a fim de legar a todos, em forma de lição viva, os ensinos que proferi. Faze isso e viverás...*

– *Mas...*

Ia prosseguir, justificar, arguir, o vendedor de cavalos, quando a formação luminosa se diluiu suavemente, perdendo-se entre os raios de prata da noite em festa.

Deu-se conta: estava a sós.

Como se despertasse de abençoado sonho, Gamal se colocou de pé, reflexionou, e, no dia seguinte, Jerusalém, surpresa, soube que o estrangeiro distinto renunciara às regalias da fortuna e retornara à pátria, após distribuir tudo quanto possuía com os infelizes, numa possível crise de loucura.

Anos mais tarde, entre as tendas ismaelitas, nos altiplanos das montanhas, era comum ouvir-se dos contadores de estórias singular narrativa:

– *Houve entre nós um* cão *infiel que abandonou as origens do povo orgulhoso, filho de Ismael, para ligar-se a miserável judeu crucificado e para cá voltou, a fim de profanar as nossas tradições com as Suas lições. Todavia, a sabedoria do xeique, após ouvir-lhe as loucuras, mandou atá-lo a dois fogosos corcéis que o despedaçaram entre as pedras escalvadas dos largos horizontes. Tão grande fora a sua idiotia que, antes do suplício, indagado qual seria a sua última vontade, respondeu: – "Amar-vos e perdoar-vos por amor do meu Senhor"...*

22
A fortuna de Tamar

Era jovem e, não obstante requestada pela ilusão da carne, vivendo intermináveis horas de prazer, sentia-se em soledade, padecendo angústias sem-nome.

Da casa onde vendia luxúria e despertava paixões, podia ver, além da Porta Formosa, a estrada serpenteante que desaparecia entre os crestados cerros, fora da cidade, na direção de Jopa.

Meditando, não poucas vezes se perdia em interrogações sem respostas que mais a maceravam.

Sonhara sempre com a felicidade e despertava no desespero; acalentara um lar e vivia numa casa; ambicionara o amor e recolhera o vazio do coração...

Aqueles pareciam-lhe dias intrigantes: misturavam-se nas informações que lhe chegavam incertas opiniões sobre a figura de um Messias que padecera o flagício da Cruz sem conseguir restaurar a liberdade de Israel e de continuadores Seus que se multiplicavam assustadoramente. De boca em boca, os comentários desencontrados afligiam e perturbavam. Falavam em morte e ressurreição, derrota e vitória...

Sem saber como explicar-se, as notícias que lhe alcançavam o Espírito, em torno daquele estranho martirizado, pareciam um unguento balsâmico depositado em feridas do seu sentimento atormentado.

Colhera impressões de transeuntes que a Ele se referiam, impressionados, de servos comovidos e através das companheiras de ilusão se inteirara que remanesciam d'Ele companheiros que ergueram um abrigo de socorro aos desventurados e infelizes, além dos muros, no caminho distante, onde sempre havia misericórdia e compaixão...

Todas as vozes referiam-se à solidariedade ali existente naqueles ásperos dias.

Ali, na casa em que eles se reuniam, embora as diferenças naturais, todos eram iguais.

Crianças órfãs, desvalidos e enfermos enxameavam sob os telheiros acolhedores, enquanto mãos estranhas, esparzindo caridade, irmanavam-nos em salutar convivência.

Anelava por ir ter com eles. Tinha tormentosa sede de Deus. Não desejava receber objurgatórias nem repreensões. Sofria a carência de entendimento fraterno, precisava ofertar-se uma oportunidade.

Sem maiores inquietações, naquele mês de *nissan*, quando a relva verdejante se bordara de azuis miosótis e o lacre de algumas rosas tingia as pedras nos acumes distantes, foi visitar Simão, o apóstolo do caminho.

A casa regurgitava...

A face do velho pescador, sulcada por profunda amargura e crestada pelo Sol tórrido do mar, contrastava com dois olhos brilhantes de criança confiante, enquanto a cabeleira quase em neve emoldurava-o, dando-lhe singular dignidade, rara autoridade.

Misturou-se aos ouvintes do entardecer que repletavam o auditório singelo e escutou-o fascinada.

Pairavam no ar dúlcidas emoções, enquanto estranho magnetismo penetrava os Espíritos, atingindo-a profundamente.

A conversação edificante do venerando discípulo de Jesus era feita de reminiscências carinhosas. A palavra escorria-lhe dos lábios como o licor adocicado do cabaz de uvas maduras.

A musicalidade da palavra encorajava os atoleimados e facultava aos desnorteados a diretriz da oportunidade renovadora.

– *Jesus não ergueu a voz* – enunciava o palestrante – *para verberar o infeliz, antes, porém, para exprobrar a infelicidade e tinha os braços abertos para todos os que estivessem dispostos à redenção. Sua mensagem constituía uma bússola e um medicamento, uma esperança e uma certeza... Quantos a escutavam, jamais a esqueciam. Quais pirilampos estelares, embora houvesse nuvens borrascosas, Suas palavras continuavam fulgurando nos céus da mente.*

Negado, não reclamou; traído, não reagiu; crucificado, não se rebelou. Amou indistintamente, em particular os opositores e adversários – Ele que era o Amor não amado , como a predicar sem palavras que a felicidade consiste em ajudar e sofrer, conquanto liberte os desavisados e comprometidos com o erro das terríveis peias da alucinação e da desdita...

Cercou-se de mendigos, mulheres inditosas, salteadores, mas não construiu um reino de párias e de vagabundos... Ao inverso, elaborou com as suas almas uma experiência de felicidade que inaugurava o Reino de Deus em cada coração.

Ela o ouvia deslumbrada.

Sim, pensava, aquele era o reino de vitórias a que aspirava...

Buscara-o por torpes meios, por ínvios caminhos, debatendo-se em vão.

Terminada a oração, à medida que as pessoas falavam ao ancião iluminado, Tamar, a jovem inquieta, aguardou que as cinzas do crepe da noite amortecessem a claridade do poente e, quando a sala estava imersa em silêncio que a envolvia e ao pregador, acercou-se e falou dominada pelas lágrimas:

– *Tenho necessidade de Deus, e sou impura. Sonho com o amor, e estou corrompida... Na minha indigência de pecadora, escutei o chamado para a liberdade, mas sou escrava... Ai de mim que sou desditosa meretriz e nada posso fazer, nada sou!...*

– *Jesus, porém, minha filha* – respondeu Simão, delicado –, *é a porta da redenção e a via libertadora...*

– *Desejo a luz, e bracejo em trevas; ambiciono a honra, e sou toda podridão. Que hei de fazer, amigo dos desditosos?*

– *Todos começamos da treva para a luz, do tormento para a paz, do arrependimento do erro para a realização do bem... Não há alternativa, senão começar hoje e agora, trocando Mâmon por Deus, o bezerro de ouro pelo cordeiro da mansuetude, a concupiscência pela pureza lirial... Não confraternizam a mentira e a verdade, a doença com a saúde... Necessário definir-se, escolher, enquanto há tempo...*

Ela fitou o ancião, que parecia aureolado de estranha luz, e, saindo da hesitação que a vencia, revolveu a destra nervosa no tecido custoso da burra dourada, tomou as moedas que tilintavam e as colocou nas mãos do pescador, esclarecendo:

– *É a minha riqueza, o fruto do prazer da véspera... Todas as moedas de ontem aí estão... Rogo-lhe que as transforme em pães e socorro... Deve haver aí* – olhou em derredor para a intimidade da casa agora envolta em sombras – *filhos de mulheres como eu, que não conhecem as mães desvairadas que não souberam ser mães...*

– *Guarde-as, minha filha...* – retrucou o apóstolo sereno.

– *Não as quer em razão da sua origem? Talvez sejam as mais valiosas, porque estão manchadas pelo suor e pelo sangue da minha aflição, que desejo transformar em senda renovadora, primeiro passo para o reencontro comigo mesma. Guarde-as, por favor, e apiade-se de mim.*

Com o peito opresso, a garganta entumecida, Tamar foi penetrada pela suave expressão do fiel servidor do Cristo, igualmente emocionado, e saiu, banhando-se pela luz das estrelas faiscantes na escumilha do infinito...

A partir de então, entre as mãos que se movimentavam para socorrer na Casa do Caminho, em nome de Jesus, estavam as outrora cuidadas mãos de Tamar, a antiga meretriz que encontrou o Reino de Deus e deu-se integralmente a Ele, transformando a fortuna da ilusão em riqueza de paz.

Anotações

Anotações

Anotações

Anotações